Stimmen zum Buch *Elegante Einfachheit*

Es gibt niemanden auf der Welt, der besser dafür gerüstet ist, dieses Vorhaben in Angriff zu nehmen, und seine Einsichten werden Sie dazu bringen, Ihr Leben zu überdenken und zu überlegen, wie Sie es ändern könnten. Kraftvoll!

Bill McKibben, Autor, *Die taumelnde Welt*

Eine inspirierende Erklärung der Früchte der Einfachheit und was ein einfaches Leben beinhaltet, von einem Autor, der selbst erfahren hat, was es bedeutet, ein einfaches Leben zu führen.

Mark Tully, ehemaliger Büroleiter der BBC in Neu-Delhi, Journalist und Autor von No Full Stops in India

In Elegante Einfachheit teilt Satish Kumar außergewöhnliche Einsichten aus seinem unglaublichen Leben des spirituellen Aktivismus, der Lehre und des praktischen Lebens. Ein tiefgründiger und dabei leicht zugänglicher Leitfaden für eine ökologische Zivilisation des Friedens, des materiellen »Genug« und der spirituellen Fülle für alle. Eine Pflichtlektüre für alle, die eine Alternative zu einer Wirtschaft suchen, die uns in die Selbstauslöschung treibt.

David Korten, Autor von *When Corporations Rule the World, The Great Turning*, und *Change the Story, Change the Future*

Satish Kumar

Elegante Einfachheit

Satish Kumar

Elegante Einfachheit

Die Kunst, gut zu leben

Bücher haben feste Preise.
1. Auflage 2023

Satish Kumar
Elegante Einfachheit

Der Titel des englischen Originals lautet »Elegant Simplicity«.
Das Buch erschien 2019 bei New Society Publishers Ltd.,
Gabriola Island, British Columbia, Canada

Übersetzt aus dem Englischen von Andreas Lentz

Umschlag:
Illustration: Olivia Fraser, www.oliviafraser.com
Gestaltung: Dragon Design, GB

Lektorat: Alice Deubzer

Satz und Gestaltung:
Dragon Design, GB
Gesetzt aus der Palatino

Gesamtherstellung: Appel & Klinger, Schneckenlohe
Printed in Germany

ISBN 978-3-89060-834-1

Neue Erde GmbH
Cecilienstr. 29 · 66111 Saarbrücken
Deutschland · Planet Erde
www.neue-erde.de

Inhalt

Beim Wohnen lebe nah am Boden.
Beim Denken halte dich an das Einfache.
Bei Konflikten sei fair und großzügig.
Beim Regieren versuche nicht, zu kontrollieren.
Beim Arbeiten tue, was dir Freude macht.
Im Familienleben sei vollkommen präsent.

Laotse

Vorwort

von Fritjof Capra

Satish Kumar hat ein außergewöhnliches Leben geführt. Er wurde in einer kleinen Stadt in Rajasthan, Indien, geboren und verließ sein Elternhaus im Alter von neun Jahren, um sich den umherziehenden Jains anzuschließen. Er erzählt uns, dass er dazu kam, als er nach dem plötzlichen Tod seines Vaters einem Jain-Mönch begegnete, der ihm erzählte, dass er sich vom Tod befreien und das Nirwana erlangen könne, wenn er der Welt entsage und Mönch werde.

In den folgenden neun Jahren lebte der junge Satish das strenge Leben eines Jain-Mönchs, ging jeden Tag zu Fuß, badete nie, fastete häufig und verbrachte lange Stunden in täglicher Meditation. Dann, im Alter von achtzehn Jahren, las er heimlich in einem Buch von Mahatma Gandhi. Dort erfuhr er, dass Spiritualität auch praktiziert werden kann, indem man der Welt dient, und dass man ihr nicht entsagen muss. Satish war von Gandhis Lehre so angetan, dass er den Jain-Orden verließ und sich dem Gandhi-Ashram von Vinoba Bhave anschloss, einem engen Freund Gandhis.

Zusammen mit Vinoba wanderte Satish Hunderte von Kilometern, um für eine Landreform in Indien zu werben. »Als Mönch«, schreibt er, »lernte ich die Kunst des Gehens, Fastens, Denkens und Meditierens. Im Ashram in Bodhgaya lernte ich die Kunst, etwas herzustellen: Kochen, Gartenarbeit und das Spinnen von Baumwolle zu Garn, um meine Kleidung selbst herzustellen. Bei Vinoba lernte ich, zu meditieren, und mit einem Freund beschloss ich eines Tages, mich auf eine Pilgerfahrt für den Frieden zu begeben. Inspiriert hatte mich der britische Philosoph und Friedensaktivist Bertrand Russell.« An Gandhis Grab in Neu-Delhi beginnend, gingen er und ein befreundeter Mönch zu Fuß nach Moskau,

Paris, London und Washington, D.C., in die Hauptstädte der vier Atommächte. Sie waren ganz ohne Geld unterwegs und in der Fremde auf Mildtätigkeit und Gastfreundschaft angewiesen. So waren sie über zwei Jahre lang unterwegs und legten rund 8.000 Kilometer zurück.

Satish Kumar ließ sich 1973 im Vereinigten Königreich nieder und wurde Herausgeber der Zeitschrift *Resurgence*. In dieser Funktion veröffentlichte er eine Reihe von Artikeln von E. F. Schumacher, dem berühmten Autor von *Small Is Beautiful*, und machte *Resurgence* im Laufe der Jahre zu einer der bedeutendsten und schönsten Öko-Zeitschriften. In der Zeit hat Satish (wie er von seinen Freunden und Schülern auf der ganzen Welt genannt wird) eine Reihe von ökologisch orientierten Projekten inspiriert, ins Leben gerufen und begleitet, die alle sehr erfolgreich sind. Dazu gehören die »Kleine Schule« für die Gemeinde Hartland in Nord-Devon, wo er lebt, die jährliche Schumacher Vorlesungsreihe und das Schumacher College, das berühmte Zentrum für ökologische Studien in Süd-Devon.

Ich habe die Ehre, Satish seit über 30 Jahren als Freund und Kollegen zu kennen, und mich oft gefragt, was das Geheimnis seines Erfolgs bei so vielen Unternehmungen ist. Ich denke, Satish gibt uns in diesem Buch eine Antwort. *Elegante Einfachheit* ist seine Meditation über das Wesen der Spiritualität, betrachtet durch die Linse der Einfachheit und beruhend auf seinen lebenslangen reichen Erfahrungen als Mönch, Gandhianer, Öko-Philosoph, Pädagoge und spiritueller Lehrer.

In der schönen, eloquenten und leidenschaftlichen Sprache, die für sein Reden und Schreiben charakteristisch ist, webt Satish die verschiedenen Fäden zusammen, die ein spirituelles Leben in innerer und äußerer Einfachheit ausmachen. Einfachheit bedeutet für Satish, wie Gewaltlosigkeit für Gandhi, nicht Untätigkeit. »Ein einfaches Leben ist ein gelungenes Leben«, erklärt er. Es bedeutet auch nicht, dass man auf Komfort verzichten muss: »Einfach und ohne Unordnung zu leben, bedeutet nicht, dass wir auf ein komfortables Leben verzichten. Es liegt eine gewisse Eleganz in der Minimierung des Besitzes und der Maximierung des Komforts. Unordnung bringt Chaos, Einfachheit bringt Klarheit.«

Er weist darauf hin, dass Unordnung nicht nur in unserem individuellen Leben, sondern auch in der Welt insgesamt für Chaos sorgt: »Opulentes Leben erzeugt Verschwendung, Verschmutzung und Armut.« So wird Einfachheit zu einem Bekenntnis für soziale Gerechtigkeit. Gandhi zitierend, fordert Satish uns auf, »einfach zu leben, damit andere einfach leben können«. Um einen Zustand eleganter Einfachheit zu erreichen, rät er uns, die Einfachheit des Geistes, die Einfachheit des Verstandes zu kultivieren. »Die Einfachheit des Denkens und des Geistes«, schreibt er, »wird zu einer Verringerung des Verlangens nach materiellen Dingen führen.« Und er fügt hinzu: »Es mag paradox erscheinen, aber die Gabe der Einfachheit ist die Gabe des Überflusses.«

Diese Passagen stehen in engem Zusammenhang mit der buddhistischen Praxis der Achtsamkeit; und tatsächlich stellt Satish explizit fest: »Einfachheit ist eine achtsame Art zu leben.« Ein paar Seiten später bemerkte ich auch einen taoistischen Einfluss, als ich las: »Einfachheit bedeutet, durch das Leben zu fließen wie ein Fluss durch eine Landschaft.«

In den folgenden Kapiteln führt Satish diese Gedanken weiter aus, indem er verschiedene Aspekte eines spirituellen Lebens erörtert, das eine elegante Einfachheit verkörpert. Zunächst weist er darauf hin, dass die Hinwendung zur Einfachheit eine Verlagerung des Schwerpunkts von der Quantität des materiellen Besitzes auf die Qualität des Lebens bedeutet, ein Umschwenken von der Suche nach oberflächlichem Glück durch den Erwerb materieller Güter hin zur Suche nach wahrer Erfüllung in menschlichen Beziehungen und in der Beziehung zur Natur. Ich habe an anderer Stelle ausgeführt, dass eine solche Verlagerung von der Quantität zur Qualität für den Aufbau einer ökologisch nachhaltigen und sozial gerechten Wirtschaft unabdingbar ist, und so war ich nicht überrascht, Satishs Behauptung zu lesen: »Der Weg zur Nachhaltigkeit ist Einfachheit.« Es stellt sich natürlich die Frage: Wie kommen wir dahin?

Wie erreichen wir dieses Ziel: elegante Einfachheit? Satishs Antwort lautet, dass es keine Formel oder Technik für Einfachheit gibt. »Konzentrieren Sie sich Tag für Tag«, rät er uns, »auf die Einfachheit des Geistes, des Denkens, des Sprechens, des Fühlens, des Handelns, des Essens, der Kleidung, des Wohnens, der Absicht und der Beziehungen.« Dies ist ein lebenslanger Prozess ohne Endziel, betont er. Und, nicht überraschend, schließt er: »Wir befinden uns auf einer Reise, einer Pilgerfahrt… für mich ist elegante Einfachheit in der Idee des Pilgerns verwurzelt. Ein Pilger zu sein, bedeutet, sowohl äußere Einfachheit als auch innere Einfachheit zu kultivieren.«

Diese Einsicht veranlasst Satish dazu, uns einige tiefschürfende Überlegungen zum Wesen des Pilgerns zu unterbreiten, die er aus seiner umfangreichen Erfahrung gewonnen hat. Auf einer Pilgerfahrt, sagt er, gibt es sehr wenig Planung. »Nicht auf Pläne festgelegt, nicht starr zu sein, hat seine eigene Magie, seine eigene Kraft. Wenn wir zulassen, dass die Dinge sich entwickeln, können Wunder geschehen.«

Auf einer tieferen Ebene, so Satish weiter, »besteht die wahre Bedeutung des Pilgerns darin, frei von jeglichen Anhaftungen, Gewohnheiten und Vorurteilen zu leben«. Daher ist für Satish »Pilgern sowohl eine Metapher als auch eine buchstäbliche Wirklichkeit. Ein Pilger zu sein bedeutet, unter allen Umständen leicht und einfach zu leben und sowohl die Freuden als auch die Schwierigkeiten anzunehmen, wenn sie auftauchen. Obwohl ich zu heiligen Orten und heiligen Schreinen und Naturheiligtümern gepilgert bin, ist die tiefere Wahrheit, dass das Leben selbst eine Pilgerfahrt ist.«

Satish verbindet sein Verständnis von Pilgerschaft ebenso mit dem hinduistischen Konzept des Karma-Yoga, das den Kern des beliebtesten religiösen Textes Indiens, der Bhagavad Gita, bildet.

Die Philosophie des Karma-Yoga, so erklärt er, lehrt uns, zu handeln, ohne die Früchte unseres Handelns zu begehren: »Das Leben ist eine ewige Reise«, schreibt er, »ohne Ziel, ohne Bestimmung. Deshalb sollten wir uns nicht auf das Ergebnis unserer Handlung konzentrieren, sondern auf die Handlung selbst.«

Ein wesentlicher Bestandteil der eleganten Einfachheit ist für Satish die Kunst des Handwerks. »In meiner Weltanschauung«, so Satish, »würde ein Leben in eleganter Einfachheit auf dem festen Fundament der Kunst und des Handwerks aufgebaut sein. Wir müssen uns von Automatisierung, Industrialisierung und Robotersystemen verabschieden. Wir müssen uns die Idee des achtsamen Herstellens zu eigen machen.«

Für Satish bedeutet es, ein Künstler zu sein, ein Schöpfer zu sein. »Kunst ist kein Beruf«, sagt er. »Sie ist eine Art des richtigen Lebensunterhalts, bei der Beruf und Berufung übereinstimmen.« Er weist darauf hin, dass »in indigenen Kulturen Kunst weder ein Hobby noch ein Luxus ist, sondern vielmehr ein wesentlicher Bestandteil des täglichen Lebens und Daseins«. Er stellt sich eine Gesellschaft von Kooperativen vor, in der »Arbeitnehmer und Konsumenten zu Herstellern und Künstlern werden«. Und schließlich behauptet er, dass »achtsame handwerkliche Herstellung wie Meditation ist. Der Geist muss im Moment des Herstellens völlig präsent sein«.

Diese Vision von Künstlern und Schöpfern war die Inspiration für *The Small School*, einer Sekundarschule, die Satish in seiner Heimatgemeinde in Devon gegründet hat. Er beschreibt den Lehrplan der Schule folgendermaßen: »Wir sagten uns: ›Wir werden nicht nur Shakespeare, Darwin, Newton und Galileo unterrichten, sondern auch Kochen, Gärtnern, Bauen, Nähen, Flicken, Holzarbeiten, Fotografie und Musik sowie Mathe, Naturwissenschaften und Englisch.‹ Das war unser Lehrplan. Unsere Schule sollte keine Examensfabrik sein, sondern ein Ort der Selbstentdeckung.«

Einige Jahre später übertrug Satish diese profunde Idee einer Schule als Ort der Selbstentdeckung auf die Hochschulbildung und gründete das Schumacher College. Ich habe das Glück, dort mehr als 20 Jahre lang unterrichtet zu haben, und kenne das College sehr gut. Das Schumacher College ist eine einzigartige Bildungseinrichtung. Es ist kein traditionelles College mit einer genau definierten Fakultät und Studentenschaft, und im Gegensatz zu den meisten Colleges und Universitäten wurde es weder von einer Regierungsbehörde noch von einem reichen Menschen oder einer Stiftung der Wirtschaft gegründet. Das College ist aus der globalen Zivilgesellschaft hervorgegangen, die in den 1990er-Jahren entstanden ist. So war die Fakultät von Anfang an Teil eines internationalen Netzwerks von Wissenschaftlern und Aktivisten, eines Netzwerks von Freunden und Kollegen, das Satish als Herausgeber von *Resurgence* aufgebaut und gepflegt hat. Vor der Gründung des Schumacher College im Jahr 1991 gab es kein Bildungszentrum, in dem Ökologie aus vielen verschiedenen Blickwinkeln gründlich und umfassend studiert werden konnte. In den folgenden Jahren änderte sich die Situation erheblich, als sich eine globale Koalition von Nichtregierungsorganisationen bildete. Diese globale Zivilgesellschaft entwickelte ein Netzwerk von Wissenschaftlern, Forschungsinstituten, Denkfabriken und Bildungszentren, die größtenteils außerhalb unserer führenden akademischen Einrichtungen, Wirtschaftsorganisationen und Regierungsbehörden tätig sind. Heute gibt es Dutzende dieser Forschungs- und Bildungseinrichtungen in allen Teilen der Welt. Das Schumacher College war eine der ersten und spielt weiterhin eine führende Rolle.

Von Anfang an hatte Satish die Vision, dass das College nicht die eurozentrische Sichtweise vertreten, sondern ein breites Spektrum von Sichtweisen zum Ausdruck bringen sollte, und es sollte international sein. Wenn Amerikaner und Europäer hier über Wissenschaft, Technologie und Philosophie diskutieren, kommen auch Stimmen aus Afrika, Indien, Japan und vielen anderen Teilen der Welt zu Wort.

Die gleiche ethnische, kulturelle und intellektuelle Vielfalt gibt es auch unter den Studenten. Es ist nicht ungewöhnlich, dass ich

24 Kursteilnehmer (die festgelegte Obergrenze) aus zehn oder mehr verschiedenen Ländern habe. Die Teilnehmer sind in der Regel hochqualifiziert. Es sind Fachleute in verschiedenen Bereichen, einige von ihnen sind junge Studenten, aber es gibt auch ältere Menschen, und so tragen sie aus einer Vielzahl von Perspektiven zu den Erörterungen bei.

Ein weiteres Hauptmerkmal des Schumacher College ist der starke Gemeinschaftssinn, den es vermittelt. Die Teilnehmer kommen für mehrere Wochen hierher, um zusammen zu leben, zusammen zu lernen und gleichzeitig zusammen für den Unterhalt der Gemeinschaft zu arbeiten. Sie werden in Arbeitsgruppen eingeteilt, die kochen, putzen, gärtnern – all die Arbeiten, die nötig sind, um das College zu unterhalten und Satishs Vision von »Bildung mit Hand, Herz und Kopf« zu verwirklichen.

In diesen Gruppen laufen die Gespräche praktisch rund um die Uhr. Beim Gemüseschneiden in der Küche wird geredet, beim Wischen des Bodens oder beim Aufstellen der Stühle für eine besondere Veranstaltung wird geredet. Jeder taucht hier in eine ständige Erfahrung von Gemeinschaft und in spannende intellektuelle Dialoge und Diskussionen ein.

All das regt die Kreativität ungemein an. Am Schumacher College werden viele Dinge gemeinsam geschaffen, von den Mahlzeiten in der Küche bis zu den Ideen im Klassenzimmer. Die Kreativität gedeiht, weil das Vertrauen in die Gemeinschaft groß ist. Im Lehrerkollegium, das an der Hochschule unterrichtet, fühlt man sich fast wie in einer Familie, und dieses starke Gemeinschaftsgefühl stellt sich bereits nach ein oder zwei Wochen des Zusammenseins ein. Für die meisten Wissenschaftler ist eine solche Situation äußerst attraktiv, da sie uns eine einzigartige Gelegenheit bietet, die Arbeit zu vertiefen und in einem sicheren Umfeld neue Ideen auszuprobieren. Das Schumacher College ist also nicht nur ein einzigartiger Lernort für die Kursteilnehmer, sondern auch für die Lehrkräfte, die sich über einen relativ langen Zeitraum intensiv mit einer Gruppe hochqualifizierter und hochmotivierter Studenten auseinandersetzen und einen Prozess der nachhaltigen Selbsterforschung durchlaufen.

Während der Jahrzehnte, in denen Satish als Programmdirektor des Colleges tätig war, war er das Herz und die Seele der Schumacher-Gemeinschaft. Er kochte mit den Kursteilnehmern, leitete Morgenmeditationen, unterrichtete und teilte seine Weisheiten in einer Reihe von regelmäßigen »Kamingesprächen«. Das Schumacher College verkörpert seine Vision von einer Gemeinschaft, in der Lernen mit achtsamem Tun und Meditation und mit eleganter Einfachheit verbunden ist.

Für Satish hilft uns eine sinnvolle Bildung dabei, das Konzept eines abgetrennten Selbst zu überwinden; sie fördert das Bewusstsein und die Praxis richtiger Beziehungen: »Training in eleganter Einfachheit«, stellt er fest, »muss im Boden richtiger Beziehungen wurzeln.« Dies entspricht voll und ganz dem Paradigmenwechsel, den wir derzeit in der Wissenschaft und in der Gesellschaft erleben – ein Wechsel von der Betrachtung der Welt als Maschine zu einem Verständnis, sie als Netzwerk zu sehen. Es ist der Wechsel von Quantität zu Qualität, von Produkten zu Beziehungen. Satish charakterisiert diesen Wandel als einen vom *Ego* zum *Öko.** »Wenn wir unser Leben nicht verkomplizieren wollen«, schreibt er, »dann müssen wir vom Ego zum Öko übergehen. Ego trennt und öko verbindet. Ego verkompliziert, öko vereinfacht. *Öko* bedeutet ›Zuhause‹, wo Beziehungen gepflegt werden.«

Im letzten Kapitel des Buches fasst Satish seine Botschaft zusammen, indem er sagt, dass wir drei Bereichen der Existenz unsere Aufmerksamkeit schenken müssen: Boden, Seele und Gesellschaft. Für mich entsprechen diese Bereiche den ökologischen, kognitiven und sozialen Dimensionen des Lebens. »Der Boden«, erklärt Satish, »ist eine Metapher für alle Umwelt- und Naturbeziehungen. Alles

* Im Englischen klingt es eleganter: »from ego to eco«.

kommt aus dem Boden. Wälder, Nahrung, Häuser, Kleidung kommen aus dem Boden. Unser Körper kommt aus der Erde und kehrt in die Erde zurück. Der Boden ist die Quelle des Lebens.«

Wir müssen den Boden wertschätzen und wieder auffüllen, mahnt Satish. Und er fährt fort: »In ähnlicher Weise müssen wir unsere Seele auffüllen… Wir müssen Wege finden, sie aufzufüllen und zu heilen: die Seele, die Psyche… Meditation ist eine solche Technik… In der Meditation treffen sich die äußere Welt und die innere Welt. Boden und Seele vereinen sich.«* Und schließlich: »Das Wohlergehen von Boden und Seele muss sich auf das Wohlergehen der Gesellschaft ausdehnen. Das ist nur möglich, wenn wir unsere Gesellschaft nach den Prinzipien der Menschenwürde, der Gleichheit und der sozialen Gerechtigkeit organisieren.«

Für manche mag Satishs große Vision zu idealistisch klingen. Dessen ist er sich bewusst, und er hat eine überzeugende Antwort parat: »Sie können mich gern einen Idealisten nennen. Ja, ich bin ein Idealist. Aber ich frage Sie: ›Was haben die Realisten erreicht? Kriege? Armut? Klimakrise?‹ Die Realisten haben die Welt viel zu lange regiert. Geben wir den Idealisten eine Chance.«

Die elegante Einfachheit, die Satish beschreibt und vertritt, spiegelt sich auch in seiner Sprache wider. Er verwendet einfache, aber aussagekräftige Metaphern, und er spricht immer aus dem Herzen. Das Lesen seines Textes fühlt sich fast wie eine meditative Übung an. Als ich mich darin vertiefte, empfand ich große Ruhe und Gelassenheit. In all den Jahren, in denen ich Satish kenne, habe ich mich in seiner Gegenwart immer wohlgefühlt, und das gleiche Gefühl des Wohlbefindens hatte ich beim Lesen dieses wunderbaren Buches.

Fritjof Capra

* Auch hier ist es im Englischen eleganter: »soil and soul unite«.

Einleitung: Seien wir einfach

*»Es ist eine Gabe, einfach zu sein,
es ist eine Gabe, frei zu sein…«*

So beginnt ein Shaker-Lied, das im Jahr 1848 von Elder Joseph Brackett verfasst wurde. Die Shaker sind das beste Beispiel für elegante Einfachheit: die Verkörperung von Schönheit in Einfachheit. Für die Shaker ist Minimalismus eine Lebenseinstellung. Seit langem sind sie meine Inspirationsquelle.

In meinem eigenen Leben wurde die Saat der Einfachheit gesät, als ich im Alter von neun Jahren zum Jain-Mönch wurde. Die Religion der Jains ähnelt in gewisser Weise dem Weg der Shaker. Für Jains ist ein Minimum an materiellem Besitz eine Voraussetzung für ein maximales spirituelles Leben. Je mehr Zeit man damit verbringt, sich um weltliche Güter zu kümmern, desto weniger Zeit hat man für die Meditation, das Studium der Schriften und das Chanten und Singen heiliger Mantras. Das war die Lehre meines Jain-Gurus. Im Alter von 18 Jahren stieß ich auf die Schriften von Mahatma Gandhi, einem weiteren großen Verfechter der Einfachheit, ähnlich wie die Shaker und die Jains. »Einfaches Leben und hohes Denken«, war sein Motto. Er lebte in einer einfachen Hütte, die er selbst gebaut hatte, er spann das Garn für seinen Lendenschurz und sein Tuch. Er baute Gemüse an und kochte sein Essen selbst, während er die Unabhängigkeitsbewegung Indiens anführte und eine Wochenzeitschrift herausgab. So bewies er, dass es möglich ist, unsere physischen Bedürfnisse durch ein einfaches Leben zu befriedigen und gleichzeitig sozial, politisch und geistig aktiv zu sein.

Für Gandhi war Einfachheit auch Ausdruck sozialer Gerechtigkeit. Er vertrat das Ideal, dass man »einfach leben sollte, damit andere einfach leben können«. Ein erwerbs- und konsumorientierter Lebensstil erfordert die Ausbeutung der Schwachen und der Natur. Als Konsumenten verschwenden wir Ressourcen und vergeuden unsere Zeit und Mühe, indem wir Dingen nachjagen, die wir nicht brauchen. Wir stellen Gier über Bedürfnisse, Glanz über Schönheit und Ausbeutung über Bewahrung. Ein aufwendiges Leben führt zu Verschwendung, Verschmutzung und Armut.

Mein Leben sowohl als Jain-Mönch als auch in einem gandhianischen Ashram war von äußerster Einfachheit geprägt. So wurde mir das Ideal des einfachen Lebens zur zweiten Natur.

1962, mit 26 Jahren, beschloss ich, eine Pilgerfahrt für den Frieden zu unternehmen. Ich wollte mit den Menschen und Politikern der vier Länder sprechen, die Atomwaffen besaßen. Ich sagte mir: Was kann komplizierter, dümmer und grausamer sein als die Erfindung und der Besitz solcher Massenvernichtungswaffen? Ich beschloss, dass das Gegenmittel für dieses höchst komplizierte Waffensystem darin bestand, eine Protestpilgerfahrt mit den einfachsten Mitteln zu unternehmen: einen Fußmarsch zu den Atomhauptstädten der Welt.

Also ging ich vom Grab Mahatma Gandhis in Neu-Delhi nach Moskau, Paris, London und Washington, D.C. Es war eine 8.000 Meilen lange Pilgerfahrt. Um die Reise noch einfacher zu gestalten, ging ich (zusammen mit meinem Freund E.P. Menon) ohne einen Penny in der Tasche: kein Geld, kein Essen und zu Fuß. Wir waren etwa 800 Tage lang unterwegs. Es waren die einfachsten und besten 800 Tage meines Lebens, und sie veränderten meine Sicht auf das Dasein vollständig.

Ich bin zu der festen Überzeugung gelangt, dass wir für ein gutes, schöpferisches und inspirierendes Leben nur sehr wenige von Menschenhand gefertigte materielle Güter brauchen. Wir können von der Sonne, der Erde und dem Wasser leben, die allesamt Geschenke des wohlwollenden Universums sind. Wir können in Gegenseitigkeit und Wechselbeziehungen leben, die Gaben der Menschheit sind. Wir können von unseren Händen, unseren Beinen und unserer Arbeit leben, allesamt Dinge, die wir nicht in einem Supermarkt oder Kaufhaus kaufen müssen.

Ein Leben in Liebe und Großzügigkeit bringt Liebe und Großzügigkeit hervor. Einfach zu leben bedeutet, in Freiheit zu leben und darauf zu vertrauen, dass »alles gut ist und alle Dinge gut werden«, wie der heilige Julian von Norwich sagte. Einfachheit bringt uns der erhabenen Wahrheit, der nachhaltigen Güte und der subtilen Schönheit näher.

Einfach zu leben ist weder Faulheit noch Untätigkeit. Vielmehr ist es unser konsumorientierter Lebensstil, der uns faul, arbeitsscheu und untätig macht. Wir werden abhängig von der Mechanisierung, der Industrialisierung und der Massenproduktion. Das Ideal der eleganten Einfachheit ist mit Kunst und Handwerk, mit dem Prozess der Herstellung und mit der Kunst, mit weniger gut zu leben, verbunden. Einfachheit konzentriert sich auf die Qualität des Lebens und nicht auf die Quantität des materiellen Besitzes. *Sein statt Haben*, wie Erich Fromm es ausdrückt.

Wenn ich ein Leben in Einfachheit führe, feiere ich den inneren Wert des Schöpferischen und konzentriere mich nicht mehr auf Ergebnisse oder Resultate, Errungenschaften oder Leistungen. Durch Kunst und Handwerk bin ich in der Lage, meine Bedürfnisse zu befriedigen, und so vermeide ich es, Opfer meiner Gier zu werden. Indem ich Handwerker, Schöpfer und Hersteller bin, erlebe ich Freude, Erfüllung und Vergnügen.

Ein einfaches Leben ist eine Belohnung in sich. Es ist auch eine kluge Lebensweise – wir lernen nicht nur, unseren Kopf und unsere Hände zu gebrauchen, sondern ebenso unsere Herzensqualitäten wie Liebe, Vergebung und Vertrauen zu kultivieren: das Verständnis für die Einheit allen Lebens. Wie Laotse sagte, sind »Einfachheit, Geduld und Mitgefühl unsere größten Schätze«. Einfachheit beschränkt sich nicht darauf, unsere materiellen Güter zu minimieren. Wir müssen auch die Einfachheit des Geistes kultivieren. Es ist leichter, sich von seinem materiellen Ballast zu trennen als von dem eigenen seelischen Gepäck. Stolz, Ego, Angst und

Wut belasten unsere Seele und unseren Geist auf die gleiche Weise wie Berge von Kleidern oder viele Möbel und andere Besitztümer, die unser Zuhause vollstopfen. Deshalb sind die Ansichten der Shaker, der Jains und der Gandhianer über Einfachheit viel tiefgehender und grundlegender, als sich bloß von Besitz zu befreien und ihn zu reduzieren.

Dieses Buch präsentiert ein allumfassendes Ideal der Einfachheit. Ich untersuche das Ideal der eleganten Einfachheit sowohl auf der metaphysischen als auch auf der physischen Ebene. Die Einfachheit des Seins ist genauso wichtig wie die Einfachheit des Lebens. Aus diesem Grund habe ich Kapitel über richtige Beziehungen und grenzenlose Liebe aufgenommen. Geradlinige und authentische Beziehungen, die auf dem Boden wahrer Liebe stehen, beseitigen Verwirrung und Konflikte in der Familie, unter Freunden und Nachbarn. Wenn wir in hasserfüllte und verletzende Situationen geraten, dann ist es einfacher zu vergeben und zu vergessen, als sich mit Groll und Rache zu belasten.

Wir verkomplizieren unser Leben, wenn wir in der Dualität von Gut und Böse, Schmerz und Lust, Gewinn und Verlust gefangen sind. Die einfachste Art zu leben, besteht darin, Gleichmut in unseren Herzen zu kultivieren und uns auf den Tanz der Gegensätze einzulassen. Dann können wir unseren Weg sowohl durch Niedergeschlagenheit und Verzweiflung als auch durch Freude und Vergnügen finden.

Elegante Einfachheit ist sowohl ein spiritueller Weg als auch eine praktische Lebensweise. Sie ist der Vorbote der Harmonie und die Stütze des sozialen Gefüges. Elegante Einfachheit bewahrt die natürlichen Lebensräume und schützt Kulturkreise und Gemeinschaften. Elegante Einfachheit ist für die äußere Landschaft der Ökosphäre ebenso gut wie für die innere Landschaft der Seele.

Der Weg zur Nachhaltigkeit führt über Einfachheit. Keine noch so große technologische Innovation wird genügen. Wir müssen unsere Häuser, unsere Arbeitsplätze und unser Leben vereinfachen.

Das ist der Weg, eine nachhaltige Welt zu schaffen, sowohl jetzt als auch in Zukunft.

Einfachheit ist auch der Weg zur Spiritualität. Keine noch so große Anzahl von Tempeln, Kirchen, Moscheen oder heiligen Büchern wird uns helfen, wenn wir nicht einfach denken und uns von der Last von Angst, Wut, Ego und Gier befreien. Mit äußerer und innerer Einfachheit können wir ein Leben in ökologischer Dauerhaftigkeit, spiritueller Erfüllung und sozialer Gerechtigkeit führen. Elegante Einfachheit ist sowohl eine Weltanschauung als auch ein Lebensstil.

Dies ist der Inhalt dieses Buches.

Satish Kumar
Hartland, Devon

1

Meine Geschichte: Anfänge

Das menschliche Glück liegt in der Zufriedenheit.

Mahatma Gandhi

In der Wüste Rajasthans in Indien in einem Haus mit einem Pflaumenbaum davor wurde ich am 9. August 1936 geboren. Es gab keinen Strom, kein Radio, kein Fernsehen, kein Telefon, kein Auto und keinen Computer. Aber es gab Kamele und Kühe, Felder und Bauernhöfe, Lieder und Geschichten, Kunst und Handwerk, Tanz und Musik in Hülle und Fülle. Ich wuchs in der Obhut meiner gütigen Mutter auf. Mein Vater starb, als ich vier Jahre alt war. Meine trauernde Mutter fand in mir eine Quelle des Trostes, so sagte sie es jedenfalls. Obwohl ich viel Liebe und Fürsorge durch sie erfuhr, konnte sie ihr gebrochenes Herz weder vor mir noch vor anderen verbergen.

Mein Vater starb an einem Herzinfarkt, als er 50 Jahre alt war, und ließ meine zehn Jahre jüngere Mutter zurück, die sich um mich und meine sieben Geschwister kümmerte. Obwohl sie oft weinte, sorgte sie mit enormem Mut für uns, und dennoch konnte ich als kleines Kind nicht umhin, Zeuge ihrer Trauer, ihres Verlusts und ihrer Einsamkeit zu sein.

Mit der Zeit spürte ich eine Veränderung. Meine Mutter begann, zu meditieren. Ich hörte sie Mantras über Gleichmut singen; über die Akzeptanz von Schmerz und Freude, Gewinn und Verlust; über Geburt und Tod als existentielle Realität. Während sie meditierte, lichtete sich der dunkle Schatten des Kummers in ihrem Gesicht, und eine starke Aura der Widerstandskraft strahlte von ihrem ganzen Körper aus. Diese Meditationen führten sie in einen tieferen Zustand des Seins. Anstelle von Tränen sah ich eine gütige Klarheit in ihren Augen leuchten.

Sie nahm mich immer mit über unseren kleinen Bauernhof, ging mit mir spazieren und sprach über Bäume, Bienen und Schmetterlinge. Sie sprach über die heilende Kraft der Natur und über die Natur als unsere Lehrerin. Ich erinnere mich an diese wunderbaren Spaziergänge, die vergnüglich und überaus faszinierend waren. Sie erzählte Geschichten und sang Lieder.

Ich liebte die Art, wie sie ging, sprach und lachte. Ich liebte die Art und Weise, wie sie sich an diese wunderbaren langen Geschichten erinnern konnte, die meine Aufmerksamkeit fesselten. Ich wollte für immer mit meiner Mutter über unseren Bauernhof gehen. Der Gedanke machte mich glücklich, dass sie meine Mutter war und dass sie so viel wusste und sich so gut erinnerte. Ich hatte das Glück, eine solche Mutter gehabt zu haben; sie war meine Mentorin, meine Lehrerin, mein Guru und meine Heldin. Sie verkörperte elegante Einfachheit.

Wenn ich zurückblicke und darüber nachdenke, erinnere ich mich voller Erstaunen daran, wie sich ihr Leben von einem Zustand des Verlustes und der Einsamkeit in einen Zustand der Gelassenheit, Stabilität und Zufriedenheit verwandelte. Ich erinnere mich, dass sie eine wunderbare Mutter war, eine gute Gärtnerin und eine glückliche Hausfrau. Ich erinnere mich an sie als eine Frau, die ihre Ängste abgelegt hatte, die die Gegenwart feierte, jede Minute davon, und die der Zukunft ohne Zweifel und Wünsche vertraute. Sie war fast nie wütend.

Meine Mutter hatte sich mit dem Tod meines Vaters versöhnt, ich aber wurde immer trauriger. Als sieben- und achtjähriger Junge konnte ich die Tage nicht vergessen, an denen meine Mutter von Trauer ergriffen war. Die Tage, an denen sie plötzlich anfing zu schluchzen und ich mich fragte: »Warum ist mein Vater gestorben? Was ist der Tod? Wird meine Mutter auch sterben? Werde ich auch sterben?« Niemand konnte mir diese Fragen zu meiner Zufriedenheit beantworten, nicht einmal meine Mutter: »Ja, eines Tages werde auch ich sterben, auch du wirst sterben, wir werden alle sterben. Wir sind gebunden in einen unendlichen Kreislauf von Geburt und Tod.« Das war die Antwort, die mir meine Mutter gab. Aber diese Antwort machte mich furchtsam und unzufrieden.

Ich wollte, dass mir jemand sagt: »Ja, es gibt etwas, was du tun kannst, damit Menschen nicht sterben. Ja, du kannst ein Leben ohne Tod haben.« Niemand, aber auch wirklich niemand, hat mir diese Worte ins Ohr geflüstert.

Dann sprach ich eines Tages mit einem verehrten Jain-Mönch namens Tulsi. Sein Name bedeutet Basilikum, heiliges Basilikum – so einfach und so gewöhnlich –, aber er war alles andere als gewöhnlich. Tulsi war der Guru meiner Mutter und der Guru unserer Familie. Er war der Guru von Zehntausenden von Anhängern, die Erlösung suchten. Die Menschen nannten ihn Gurudev, göttlicher Guru. Die Menschen verehrten ihn, beteten ihn an.

Als ich ihn kennenlernte, war er erst 30 Jahre alt. Er war gutaussehend und glücklich. Die Leute hielten ihn für ein erleuchtetes Wesen. Wie alle anderen, war ich von ihm fasziniert; er war für mich wie der Vater, den ich verloren hatte. Aber er war mehr als das, er war die Verkörperung von Gelassenheit und Frieden. Und vor allem sprach er die Worte, nach denen ich mich schon so lange gesehnt hatte: »Ja, du kannst dem Kreislauf von Geburt und Tod ein Ende setzen, du kannst das Nirvana erlangen, die endgültige Befreiung, die Freiheit vom weltlichen Kommen und Gehen. Ja, du kannst frei von Verlust, Einsamkeit und jeder anderen Art von Leiden sein.« Diese Worte kamen aus dem Munde eines Mannes, der die Wahrheit entdeckt hatte und dem alle glaubten.

»Was muss ich tun, um das Nirvana zu erlangen?« fragte ich ihn.

»Du musst der Welt entsagen und Mönch werden. Lass deinen Stolz und deine Besitztümer los. Befreie dich von den Fesseln der Familie und der Anhaftung an Reichtum. Du musst das Leben eines Mönchs führen«, antwortete Gurudev klar und eindeutig.

»Ich möchte bei dir sein, Gurudev! Ich werde alles tun, um den Tod zu überwinden. Ich will Mönch werden!«

Diese Worte kamen aus meinem Mund, ohne dass ich darüber nachgedacht oder gezögert hätte. Mein Herz pochte. Mein Körper zitterte. Mein Geist war überwältigt von der Aussicht, an Gurudev Tulsis Seite zu sein. Bei ihm fühlte ich mich sicher.

Viele Menschen meinten, in meinem neuen Körper wohne eine alte Seele. In Indien glaubt man, dass wir wiedergeboren werden und das Karma aus früheren Leben in uns tragen. So hatte es vielleicht etwas mit dem Karma aus meinen früheren Leben zu tun, dass ich das Mönchsleben so anziehend fand.

Ich hatte das Glück, dass meine Mutter – wenn auch etwas widerwillig – Verständnis hatte. Sie sagte zu mir: »Wenn das deine Berufung und deine Bestimmung ist, wer bin ich, dass ich ein Hindernis bei deiner spirituellen Suche sein dürfte?« Andere Familienmitglieder und einige der Freunde meiner Mutter waren nicht so offen oder großmütig. »Wie kann ein neunjähriger Junge wissen, was seine Berufung und sein Schicksal ist?« Das war das Argument meiner Brüder, aber meine Mutter antwortete leidenschaftlich und aus ganzem Herzen: »Ich weiß, ich weiß. Es fällt mir schwer, den kleinen Jungen ziehen zu lassen, aber ein Kind ist kein unfertiger Erwachsener. Wenn wir seinen Wunsch nach einem geistlichen Leben jetzt ersticken oder ihm den Mut nehmen, woher wollen wir wissen, wie sich das auf seine zarte Seele auswirkt? Es ist nicht leicht, aber letztlich müssen wir ihn tun lassen, was er tun will.«

Meine Brüder waren erstaunt über die Worte meiner Mutter, aber mir erfreuten sie das Herz. Sie liebte mich, wollte mich aber nicht besitzen. Ich glaube, sie war es, die den Grundstein für Mut und Aktivismus in meinem Leben gelegt hat, indem sie so mutig und selbstlos war, mich von zu Hause weggehen zu lassen, um den Weg des Friedens zu gehen. Schließlich überzeugte ich sogar den skeptischsten meiner Brüder, einzuwilligen und mir zu erlauben, ein wandernder Sadhu zu werden.

Ich ließ mein Zuhause hinter mir. Ich ließ die Liebesbande zu meiner geliebten Mutter los. Ich hielt eine Bettelschale in der Hand und nahm nur einmal am Tag Nahrung zu mir. Ich ging barfuß und rezitierte das heilige Mantra: »Om… Om… Om.«

»Kümmere dich nicht um weltliche Angelegenheiten. Lies keine anderen Bücher als die heiligen Schriften der Jains. Lerne die heiligen Texte auswendig und meditiere über sie Tag und Nacht.« So sprach mein Gurudev. »Verbrenne all deine verbleibende Negativität aus der Vergangenheit durch die strengen Praktiken der Askese.«

Also habe ich neun Jahre lang nicht gebadet. Mein dickes schwarzes Haar wurde zweimal im Jahr mit der Hand ausgezupft. Ich fastete stundenlang, erst 24, dann 48 Stunden, dann drei Tage im Monat. Ich saß zwei Stunden am Morgen und zwei Stunden am Abend in Stille und konzentrierte mich auf *Atman*, mein inneres und ewiges Selbst, das mit dem *Paramatman* verschmolz, dem höchsten und grenzenlosen Geist aus reinem Licht.

Ich hatte meinem Guru gut zugehört und einige der Jain-Schriften gelesen, und so betrachtete ich meinen Körper mehr und mehr als Fessel und die Welt als Gefängnis, und meine Meditation bestand darin, mich von Stolz und Gier, von Zorn und Ego und von Wünschen und Zweifeln zu befreien, um mich von allen Sünden reinzuwaschen.

Das ging viele Jahre so. Es war eine lange Zeit der Sehnsucht nach dieser schwer fassbaren Befreiung, auch *Moksha genannt*. Ich kam in die Pubertät, war 14, 15. Ich meditierte immer länger und fastete immer häufiger. Ich wanderte in der Einsamkeit und suchte nach Erlösung. Dann wurde ich 16 und 17. »Ich muss mich noch mehr anstrengen, die Freiheit meiner Seele zu erlangen«, sagte ich mir. »Was kann ich noch tun? Oh, Göttin des Todes, Kala, komm zu mir, komm bald und befreie mich von diesem sündigen Körper, befreie mich von dieser ermüdenden Welt«, flehte ich. Ich erinnere mich lebhaft an diese Zeit der Niedergeschlagenheit. Ich wollte sterben und nie wieder in diese Welt zurückkehren.

Dann wagte es ein Laienschüler, Kishor, der meine Aufgewühltheit spürte, mir ein Buch von Mahatma Gandhi zu geben. Ich durfte keine nicht-religiösen Bücher lesen, auch nicht die von Gandhi, doch heimlich las ich dieses Buch. Es forderte meinen aufgewühlten Geist heraus. In dieser Nacht erschien mir Gandhi im Traum. Er stieg einen Berg hinauf, ich war unten. Dann setzte er sich. Er wartete auf mich. Als ich ihn erreichte, sagte er: »Um das Heil zu finden, musst du die Welt nicht verlassen.« Er stand auf und sagte: »Komm mit.« Er ging ein paar Schritte bergauf und fuhr fort: »Praktiziere Spiritualität, indem du der Welt dienst, nicht, indem du der Welt entsagst. Entsage deiner Leidenschaft, deiner Lust und deinen Begierden; so verwandelst du dein Leben und findest Erlösung.« Als Gandhi diese Worte sprach, umgab ihn ein Licht, das ihn emporhob, bis er in die Wolken entschwand, als hätte er das Nirwana erreicht.

Ich wachte schweißgebadet auf. Es muss nach Mitternacht gewesen sein. Ich wälzte mich unruhig hin und her. Was hatte Gandhi gemeint?

Am Morgen beschloss ich, eine lange Wanderung zu unternehmen, um meinen Geist zu beruhigen. Ich verließ die Stadt Ratangarh, die von Sanddünen umgeben ist. Ich überquerte eine Düne nach der anderen; meine Gedanken drehten sich im Kreis. Ich dachte an meinen Gurudev; er war mir lieb und teuer. Er hatte mich viel über die Sinnlosigkeit weltlicher Dinge und über die Kunst der Entsagung gelehrt. Gurudev war gütig, wohlwollend und weise. Aber er lehrte mich, etwas loszulassen – die Welt –, das ich nicht kannte. Plötzlich wuchs in meinem Herzen ein tiefes Verlangen. Ich wollte die Welt umarmen und die Welt lieben. Ich wollte Blumen säen. Ich wollte Essen anbauen und kochen, anstatt darum zu betteln. Ich wollte eine schöne Frau in meinen Armen halten und ihre Lippen mit meinen Lippen berühren. Ich wollte ein Zuhause, in dem ich leben konnte, ohne ständig umherzuziehen, und in einem weichen Bett schlafen, statt auf dem harten Boden.

Etwas in mir hatte sich zutiefst verändert. Meine Angst vor dem Tod war verblasst. Mein Wunsch – mein Bedürfnis –, den Kreislauf von Geburt und Tod zu beenden, schien nur noch eine ferne Erinnerung zu sein.

Ich war lange gewandert, hatte mein Zeitgefühl verloren. Ich erinnere mich, dass ich stundenlang lief und nicht wusste, wo ich war. Bestimmt war es schon später Nachmittag; die Sonne wanderte nach Westen. Ich war müde, hungrig und durstig, und es war niemand in Sicht. Ich war noch nie in diesem Teil der Wüste gewesen, ich kannte den Weg zurück in die Stadt nicht. Ich hatte mich verirrt – innerlich und äußerlich. Ich lief im Kreis, schaute in die eine und in die andere Richtung und versuchte, herauszufinden, in welcher Richtung die Stadt liegen mochte.

Nach einer Weile, die mir wie eine Ewigkeit vorkam, sah ich in der Ferne einen Mann mit einem Kamel. Mit einem Gefühl der Erleichterung rief ich ihm zu, und er hielt an. Er muss erkannt haben, dass ich in meinem weißen Gewand nur ein verirrter Mönch sein konnte. Wir gingen aufeinander zu.

»Ich habe mich verlaufen«, sagte ich, »und ich bin sehr durstig. Hast du etwas zu trinken?«

Der freundliche Mann lächelte mich an und sagte: »Du solltest nie ohne Wasser durch die Wüste wandern!« Dann reichte er mir seine Wasserflasche aus Ton, die in ein nasses Tuch gewickelt war, um sie kühl zu halten. Ich trank durstig das Wasser, dann sagte ich: »Ich bin in dieser Wüste fast verdurstet. Wasser ist Leben. Danke, Kamelmann, danke! Danke, dass du mir das Leben gerettet hast. Wie ist dein Name?«

»Die Leute nennen mich Krishna«, sagte er.

»Gott Krishna selbst, nichts weniger als das!« Ich lachte.

»Meine Eltern wollten, dass ich so fröhlich bin wie Lord Krishna, deshalb haben sie mich so genannt«, sagte der Kamelmann. »Krishna war ein Kuhhirte. Er war ein glücklicher Bauer. Ich bin es auch: Ich bin glücklich.«

Ich war berührt von der Art und Weise, wie er sprach, er sprach mit Leichtigkeit und Freude.

»In welche Richtung gehst du?« fragte ich.

»Ich wohne in einem kleinen Dorf in der Nähe von Ratangarh.«

»Kann ich dir folgen? Ich habe mich verlaufen.«

»Natürlich. Willst du auf meinem Kamel reiten?«

»Nein, nein, ich bin ein Mönch, ich bin seit neun Jahren weder auf einem Kamel noch auf einem Pferd geritten oder mit einem

Auto, in einem Zug, einem Boot oder auf einem Fahrrad gefahren. Ich muss zu Fuß gehen. Das ist meine Regel.«

Ich folgte Krishna. Er trug einen roten Turban und hatte silberne Ringe in seinen Ohren. Seine *Kurta* (Hemd) war orange und aus grober Baumwolle gefertigt. Das Kamel war mit Feldfrüchten beladen: Hirse, Melonen und Sesamsamen. Ich erinnerte mich an meine Kindheit. Meine Mutter hatte dasselbe angebaut. Ich erfuhr, dass Krishna nie zur Schule gegangen war und deshalb weder lesen noch schreiben konnte. Aber er konnte sich um Kamele kümmern und Nahrung für seine Familie anbauen. Er hatte sein Haus aus Lehm, Holz und Stroh selbst gebaut. Seine Frau molk Kühe, machte Butter und Joghurt, sang Lieder und kümmerte sich um ihre beiden Kinder. Krishna erklärte mir dies alles voller Begeisterung. Er lebte ein einfaches, aber erfreuliches Leben.

»Wo hast du das alles gelernt? Wolltest du nicht zur Schule gehen?« fragte ich.

»Ich habe dies alles von meinem Vater und meiner Mutter gelernt, aber vor allem habe ich durch mein Tun gelernt. Ich bin in der Schule der Natur, die Natur ist meine Lehrerin. Ich lerne die ganze Zeit vom Land«, antwortete Krishna. Das war reine Bauernweisheit. Er klang wie meine Mutter. Die mehr als einstündige Wanderung mit Krishna ließ mich aufleben.

»Wie lernst du vom Land?« fragte ich nach.

»Ich höre einfach auf das Land und schaue mich um. Sieh dir diese Sanddünen an, sie verschieben, bewegen und verändern sich ständig und bleiben doch immer gleich. Selbst in dieser trockenen Wüste gibt es Monsunregen. Sogar in diesem kargen Land bauen wir Hirse und Melonen an. Ich liebe dieses Land. Der Sand glänzt im Mondlicht wie silberne Felder. Das Land ist schön und gütig.«

Ich hätte Krishna stundenlang zuhören können.

Wir erreichten Ratangarh. Der Rückweg beruhigte mich, und gleichzeitig sehnte ich mich danach, wie Krishna zu sein, normal und gewöhnlich. Krishna brachte mich zum Nachdenken: Wer bin ich? Bin ich durch meine weiße Kutte festgelegt? Bin ich mehr als ein Mönch? Mehr als mein Name? Mehr als meine Kutte und mein Aussehen? Plötzlich sah ich klar. Ich sagte mir: »Ich bin frei.« Ich sah einen Vogel, der aus dem Käfig meines Körpers flog.

Und ich war frei.

Das war's. Meine Schultern waren leicht. Die Last war fort.

Ich ging zurück zu dem Haus, in dem ich mit zwei anderen Mönchen die nächste Zeit verbringen würde. Sie waren mir sehr ans Herz gewachsen. Ich wollte sie wissen lassen, wie es mir geht. Wir unterhielten uns stundenlang. Zu meiner Überraschung und Freude wollten auch sie frei von den Zwängen des Ordens sein. Wir drei wollten verschwinden. Ein paar Tage später gelang es mir, eine Jüngerin zu überreden, uns normale Kleidung und Zugfahrkarten nach Delhi zu besorgen.

In dieser Nacht, nach Mitternacht, als die Stadt schlief und die Straßen dunkel waren, entschlüpften wir den starren Regeln des Mönchsordens. Ich entkam dem Gefängnis, das ich mir selbst ausgesucht hatte. Mich erfüllten gemischte Gefühle – Rebellion und Dankbarkeit. Gurudev hatte mir so viel Liebe, so viel Bildung, so viel von sich selbst gegeben. Aber nun musste ich meinen eigenen inneren Guru finden, um nicht für den Rest meines Lebens von Gurudev Tulsi abhängig zu sein. Ich wollte nicht mehr den Tod besiegen, sondern das Leben mit all seinen Unwägbarkeiten, Widersprüchen und Kämpfen umarmen.

Natürlich war Gurudev traurig und fühlte sich betrogen. Meine Mutter war verärgert und wütend. Sie wies mir die Tür und wollte nichts mehr mit mir zu tun haben, geschweige denn, mich wieder in ihr Haus aufnehmen. (Ich schreibe mehr darüber in Kapitel 10.) Dies erwies sich als Segen. Ich erinnerte mich an meinen Traum von Gandhi und an seine Worte über Spiritualität in der Welt, im täglichen Leben, in jedem Gedanken, jedem Wort und jeder Handlung.

Also suchte ich Zuflucht in einem Ashram, einer Gemeinschaft von Menschen, die sich im spirituellen Aktivismus engagieren.

Der Ashram befand sich in der heiligen Stadt Bodhgaya, in der Nähe des Bodhibaums, unter dem Buddha Erleuchtung gefunden hatte. Es war eine perfekte Umgebung für mich. Mein Wunsch war es nicht, der Spiritualität zu entfliehen. Ich hatte einfach das Gefühl, dass ich mich aus der Dualität von Weltlichem versus Spirituellem löste. Dies war meine Wiedervereinigung mit der Welt.

Der Ashram war von Vinoba Bhave, einem engen Freund Gandhis, gegründet worden. Er lehrte, dass der Heilige Geist die Materie voll und ganz durchdringt und sie heilig macht. Materie und Geist können nicht getrennt werden. Spiritualität ist kein System von Glaubenssätzen oder eine Reihe von Dogmen oder Doktrinen. Spiritualität ist eine Lebensweise. Religionen und Rituale, heilige Bücher und Tempel mögen helfen, die Tore der Wahrnehmung zu öffnen, aber wir müssen über sie hinausgehen, um eine lebendige Spiritualität in der gewöhnlichen Einfachheit des täglichen Lebens zu erfahren. Um dies zu erreichen, müssen wir in Harmonie mit uns selbst, unseren Mitmenschen und der natürlichen Welt leben.

Die Worte Vinobas, die mir von den Ashramiten vermittelt wurden, waren Musik in meinen Ohren. Hier war ich namenlos, niemand musste sich vor mir verbeugen, und ich musste nicht vorgeben, heilig zu sein. Ich war von meiner Eitelkeit befreit. Nach neun Jahren kam ich wieder mit dem Erdboden in Berührung. Ich arbeitete im Garten und in der Küche. Es war ein seltsames und gutes Gefühl. Ich atmete die Luft der Befreiung.

Paradoxerweise hatte mich das Mönchdasein eingeengt, gleichzeitig aber auch widerstandsfähig gemacht. Indem ich mein Zuhause, meine Schule und meine Freunde aufgegeben und meine Mutter verlassen hatte – und dann als Mönch neun Jahre lang kein Geld, kein Zuhause und keinen Besitz hatte –, hatte ich die Kunst des Verzichts gelernt. Dennoch hatte ich nie einen Mangel an irgendetwas gespürt. Ich war losgelöst von Begierden. Als Mönch hatte ich gelernt, dass Angst die Ursache von Ego, Ärger, Gier und Stolz ist. Ich muss also die Angst ablegen und dem Unbekannten vertrauen. Ich war dankbar für dieses Geschenk meines Gurus. Jetzt freute ich mich darüber, ohne Angst in der realen Welt zu leben und nicht im Glashaus eines Mönchsordens zu hausen. Ich hatte die größte Kehrtwende meines Lebens vollzogen.

Im Ashram lernte ich die vier Lebensabschnitte kennen, wie sie in der hinduistischen Tradition beschrieben werden. Die ersten 25 Jahre sind die Zeit des Lernens, in der das Fundament für den Rest des Lebens gelegt wird. Die zweiten 25 Jahre dienen dazu, die erworbenen Fähigkeiten und Ideen in die Praxis umzusetzen. Die dritte Periode von 25 Jahren dient dazu, sich in den Dienst der Gemeinschaft und der Gesellschaft zu stellen. Und in der vierten und letzten Phase lebt man seine innere Wahrheit: durch Meditation, Kontemplation, Entsagung und das Loslassen aller Anhaftungen an materiellen und emotionalen Besitz. Dieses ideale Lebensmuster schätze ich sehr; es hat mein Handeln bestimmt.

Als Mönch lernte ich die Kunst des Gehens, Fastens, Denkens und Meditierens. Im Ashram in Bodhgaya lernte ich die Kunst des Tuns: Kochen, Gartenarbeit und das Spinnen von Baumwolle zu Garn für die eigene Kleidung. Bei Vinoba lernte ich, wie man meditiert, während man etwas fertigt, und wie man still sein kann, während man geht.

Vinoba Bhave war ein Friedenspilger und fühlte sich berufen, ein Reich des Mitgefühls zu errichten. Er wanderte über 100.000 Meilen und forderte überall, wo er hinkam, die Grundbesitzer auf, ihr Land mit den Armen zu teilen. Auch ich wurde ein Friedenspilger mit der Mission, das atomare Wettrüsten zu beenden. Ich bin 8.000 Meilen zu Fuß gewandert, in die Länder, die Atombomben besitzen. In diesen zweieinhalb Jahren wurde mir klar, dass Pilgern sowohl eine Metapher als auch buchstäblich eine Realität ist. Ein Pilger zu sein bedeutet, unter allen Umständen leicht und einfach zu leben, sowohl Freuden als auch Schwierigkeiten mit Gleichmut anzunehmen. Obwohl ich viele Pilgerfahrten zu heiligen Orten, heiligen Schreinen und Naturheiligtümern unternommen habe, ist die tiefere Wahrheit, dass das Leben selbst eine Pilgerfahrt ist.

Einfachheit ist die höchste Stufe der Vollendung.

Leonardo da Vinci

2

Die Einfachheit des Gehens

Alle wirklich großen Gedanken kommen beim Gehen.

Friedrich Nietzsche

Meine neun Jahre als Jain-Mönch waren eine Zeit der Schulung im Frieden. Jains haben die Bedeutung von Frieden so weit und so tief wie möglich gefasst. Jains waren – und sind zu einem großen Teil immer noch – die ursprünglichsten und standhaftesten Pazifisten Indiens; sie haben den Frieden auf eine solche Weise verkörpert, dass sie manchmal als die Vertreter äußerster Gewaltlosigkeit bezeichnet wurden – sie töten nicht einmal eine Mücke, geschweige denn ein Tier oder einen Menschen! Jains dürfen schon in jungen Jahren Mönche und Nonnen ordinieren. Ich fühlte mich so sehr zu unserem Jain-Guru Acharya Tulsi hingezogen, dass ich meine Mutter überredet hatte, mich ziehen zu lassen, den Weg der Jains zu gehen und die Prinzipien des Friedens zu lernen und zu leben, als ich erst neun Jahre alt war.

Ich war neun Jahre lang Jain-Mönch. Es war eine Schulung im Frieden. Das wichtigste Training von allen war das Barfußlaufen. Neun Jahre lang ritt ich kein Tier, fuhr nicht mit Autos oder Zügen, nicht in Booten, auf Fahrrädern oder flog mit Flugzeugen. Dennoch habe ich Tausende von Kilometern zurückgelegt – durch Wüsten und Dschungel, über Berge und Ebenen, bei Hitze und Kälte. Ich hatte kein Zuhause und kein Geld, keine Vorräte und keinen Besitz. Ich bettelte einmal am Tag um Essen und aß, was man mir gab, ohne für den nächsten Tag etwas übrig zu lassen. Ich besaß nur das, was ich am Körper tragen konnte. Das Gehen war nicht nur ein Mittel, um von A nach B zu gelangen, nicht nur ein Mittel, um irgendwo anzukommen. Das Gehen war schon an sich eine spirituelle Praxis – eine Praxis der Einfachheit, des Minimalismus und der Meditation.

Das Mönchtum war also meine Vorbereitung auf die Verwirklichung des inneren Friedens. »Wie kannst du in der Welt Frieden schaffen, wenn du nicht in dir selbst Frieden hast?« fragte mein Guru. »Frieden ist nicht nur das, was du denkst oder sagst, sondern wie du bist. Frieden zu schaffen, beginnt damit, Frieden zu sein; es gibt keinen Unterschied zwischen der Flüssigkeit der Milch, dem Weiß der Milch und den nährenden Eigenschaften der Milch. Die Konsistenz, die Farbe und die Qualität der Milch sind ein integriertes Ganzes; in ähnlicher Weise müssen das Denken, das Sprechen und das Friedensein ein Ganzes sein. Dann wird der Frieden so mühelos von dir ausgehen wie das Licht von der Sonne.«

Als ich mit 18 Jahren das Leben im Bettelorden aufgab und mich einem Friedensaktivisten anschloss, einem Anhänger Mahatma Gandhis namens Vinoba Bhave, fügte ich der spirituellen Dimension, die ich als junger Jain-Mönch erfahren hatte, die soziale Dimension des Friedens hinzu: »Es kann keinen Frieden auf der Welt geben, solange die Mächtigen die Besitzlosen beherrschen und die Reichen die Armen ausbeuten«, erklärte Vinoba. »Indien ist jetzt frei von der britischen Raj und der Kolonialherrschaft, aber Indien ist noch immer nicht wirklich frei. Solange Großgrundbesitzer im Luxus leben und landlose Arbeiter für einen Hungerlohn schuften, kann es keinen Frieden geben, auch wenn es den Anschein von Ruhe gibt.«

Mit dieser Überzeugung ging Vinoba von Grundbesitzer zu Grundbesitzer und forderte sie auf, nicht auf einen bewaffneten Aufstand oder ein Gesetz der Regierung zu warten, sondern aus dem Mitgefühl ihres Herzens und als Antwort auf die politische Forderung nach sozialer Gerechtigkeit zu handeln. Er sagte, sie sollten sofort handeln, um Frieden mit ihren Nachbarn und Frieden mit ihren Bauern zu schließen, indem sie ihr Land mit ihnen teilten. Dies war die Landschenkungsbewegung, die sozialen Frieden schaffen wollte.

Als ich Vinoba begegnete, war ich so begeistert, dass ich beschloss, seiner Sache mein Leben zu weihen, denn ich hatte kein Land, das ich hätte geben können. Vinoba ist, wie ich, zu Fuß gegangen. Jeeps und Autos können nicht dorthin gelangen, wo deine Füße hinkommen – nicht in die abgelegenen Dörfer und Weiler und auch nicht in die Herzen der Menschen. Dazu war ich bereit. Ich war bereits Tausende von Kilometern gelaufen, so dass meine Füße abgehärtet, meine Muskeln gestählt und meine Entschlossenheit unverwüstlich war.

»Was soll ich den Grundbesitzern sagen, um sie dazu zu bewegen, ihr wertvollstes Gut – ihr Land – aufzugeben?« fragte ich Vinoba.

»Sag ihnen, wenn sie fünf Kinder haben, sollen sie dich als ihr sechstes Kind betrachten. Du stehst für die Armen, die Elenden und die Schwachen. Sag ihnen, tretet ein Sechstel eures Landes ab. Wenn ein Sechstel des indischen Landes unter den Landlosen umverteilt würde, wäre niemand mehr ohne Lebensgrundlage.«

»Aber das scheint mir zu idealistisch, Vinoba«, protestierte ich. »Die Menschen werden sich natürlich weigern und denken: ›Dieses Land gehört uns, wir haben es von unseren Eltern geerbt, es ist unser Land, warum sollten wir es weggeben?‹«

Vinoba antwortete: »Wie kann jemand Land besitzen? Es gehört der Natur. Gehört euch die Luft? Gehört jemandem das Wasser? Gehört die Sonne jemandem? Wir können keinen Besitzanspruch auf die Natur und die Grundelemente des Lebens erheben, wir können nur in Beziehung mit ihnen leben.«

Vinoba fuhr fort: »Wenn wir das Land nicht teilen, werden die Armen und Besitzlosen das nicht ewig hinnehmen. Wollen wir eine gewaltsame Revolution? Ist es nicht besser, den Wandel auf eine vernünftige, rationale und friedliche Weise herbeizuführen?«

Ausgestattet mit solch aufrichtigen, erbaulichen und überzeugenden Gedanken, ging ich zusammen mit anderen Friedensaktivisten zu einem Grundbesitzer, der gleichzeitig das Oberhaupt eines Hindu-Tempels war, dem zweitausend Hektar bester Reisfelder gehörten.

Aber wie sollten wir ihn zu Gesicht bekommen?

»Bitte sagen Sie dem Hohepriester, dass einige Boten von Vinoba ihn zu sehen wünschen«, sagte ich im Tempelbüro. Die Angestellten runzelten die Stirn, boten uns aber ein Glas Wasser an. Sie wussten, dass Vinoba kein gewöhnlicher Mensch war; er war nicht nur ein radikaler Landreformer und Friedensstifter, sondern auch ein renommierter Hindu-Gelehrter, dessen Vorträge über die Gita, einen der heiligen Texte Indiens, Millionen von Exemplaren in mehr als einem Dutzend Sprachen verkauft hatten. Und doch wurde uns eine Audienz mit dem Hohepriester des Tempels verweigert.

Es lag nicht daran, dass er keine Zeit hatte, uns zu empfangen, sondern daran, dass er sich nicht mit dem Gedanken anfreunden wollte, sich von einem Teil des Landes zugunsten der Landlosen zu trennen. Noch bevor wir die Gelegenheit hatten, unsere Vision, die Werte und Ideale einer Landreform mit friedlichen Mitteln vorzutragen, wurden wir geradewegs abgewiesen.

Was sollten wir also tun?

Am nächsten Tag bereiteten wir einige Transparente vor, und ein Dutzend von uns kehrte sehr früh am Morgen und noch vor der Ankunft des Hohepriesters zum Tempelbüro zurück. Unser Transparent enthielt keine radikalen Slogans. Die einzige Forderung, die wir darauf malten, war: Wir wollen den Hohepriester treffen.

Als wir sahen, dass der Jeep, in dem er fuhr, sich dem Tempel näherte, gingen wir los, um das Tor zu blockieren. Und da der Jeep keine Türen hatte, gab es keine physische Barriere zwischen uns und dem Hohepriester. Wir umstellten das Fahrzeug, so dass es sich weder vorwärts noch rückwärts bewegen konnte.

»Was wollt ihr?« fragte der Hohepriester.

»Wir wollen eine Audienz mit Ihnen.«

»Aber ich bin sehr beschäftigt«, antwortete er.

»Aber die Armen sind sehr hungrig«, sagten wir.

»Ich werde dafür sorgen, dass sie zu essen bekommen. Und jetzt lasst mich durch.«

»Aber morgen werden sie wieder hungrig sein und übermorgen und überübermorgen. Wie lange können Sie sie noch ernähren? Wir wollen etwas tun, das es ihnen möglich macht, sich selbst zu ernähren.«

Der Hohepriester verstummte.

»Ich weiß, was ihr wollt. Ihr wollt, dass ich Land abgebe«, sagte er.

»Ja, das ist richtig. Dann können sich die Armen und die Hungrigen auf Dauer selbst ernähren, ohne Sie zu stören oder zu belästigen. Sie werden Seelenfrieden finden und in einer glücklichen Nachbarschaft leben. Für sich selbst werden Sie Verdienst und einen guten Ruf erlangen. Die Menschen werden Loblieder auf Sie singen. Wenn Sie freundlich zu den Armen und großzügig zu denen sind, die nichts haben, werden Sie selbst glücklich sein.«

So drangen wir in ihn.

»Ich muss mich mit meinem Ausschuss beraten. Und warum sammelt ihr nicht selbst Geld, um das Land zu kaufen? Ich würde sicherlich zu einem solchen Fonds beitragen. Ich bin sicher, wir könnten tausend Rupien dazugeben. Sogar fünftausend Rupien. Das wäre ein viel besserer Weg. Ich glaube einfach nicht, dass wir euch einfach so Land abtreten können«, sagte der Hohepriester.

Wir freuten uns, dass wir mit ihm am Tor zum Büro in der Nähe des Tempels ein solches Gespräch führen konnten. Die Leute von der Straße begannen, sich zu versammeln, um zuzuhören, und die Beamten des Tempels schauten besorgt.

»Bitte macht den Weg frei, der Hohepriester muss zu seinen Terminen«, sagte einer der Beamten, doch wir schenkten seiner Aufforderung keine Beachtung.

Ich sagte zum Hohepriester: »Millionen von Menschen in unserem Land haben kein Zuhause, kein Land und keinen Lebensunterhalt. Wie viel Geld müssen wir aufbringen, um Land für diese Millionen zu kaufen? Deshalb plädiert Vinoba, der eine spirituelle Lösung anstrebt, für Landgeschenke. Er sagt, Geld sei das Problem, nicht die Lösung. Das Geschenk ist die Lösung. Das Geben eines Geschenks ist für den Geber ebenso nützlich wie für den Empfänger.«

»Lasst mich darüber nachdenken«, antwortete der Hohepriester.

»Können wir morgen früh zu Ihnen kommen? Dann haben Sie Zeit zum Nachdenken«, antwortete ich. »Wir bitten nicht um etwas für uns. Vinoba hat kein Haus, er lebt in einem Ashram und wandert durch das Land, um Land für die Armen zu sammeln. Denken Sie also bitte daran, dass es sowohl in Ihrem Interesse ist, Vinoba das Land für die Armen zu geben, als auch im Interesse derer, die es bekommen – der landlosen Arbeiter und Landarbeiter. Bitte denken Sie auch an Vinobas Botschaft, dass das Land nicht uns gehört, vielmehr gehören wir dem Land. Wenn wir sterben, nehmen wir es nicht mit. Deshalb bittet Vinoba uns, zu teilen und füreinander zu sorgen – damit Sie und Ihre Arbeiter gemeinsam glücklich sind.«

Ich befand mich in der seltsamen Lage, den Hohepriester eines Hindutempels an die höchsten hinduistischen Ideale erinnern zu müssen.

Er lächelte mir zu und sagte: »In Ordnung, kommt morgen früh zu mir. Wir werden sehen, was wir tun können.«

Wir haben geklatscht. Alle haben geklatscht. Gestern hatten wir uns eine Privataudienz beim Hohepriester gewünscht. Heute hatten wir eine gänzlich öffentliche Audienz bekommen, die uns viel besser gefiel.

Am nächsten Morgen waren die Mitarbeiter des Tempelbüros viel hilfsbereiter. Sobald wir ankamen, wurden uns Gläser mit Wasser und Tassen mit Tee gereicht, und schon bald wurden wir zum Hohepriester geführt. Bevor wir auch nur ein Wort sagen konnten, sagte der Hohepriester zu uns: »Ich weiß, dass Vinoba eine große Seele ist, er ist ein Mann des Mitgefühls und des Einsatzes für die Armen, also überbringen Sie Vinoba bitte diese Nachricht von uns.«

Auf dem Zettel stand: »Wir möchten Vinoba 120 *acres* (etwa 48 Hektar) unseres Landes zur Umverteilung an die landlosen Landarbeiter schenken. Bitte sorgen Sie dafür, dass Ihre Kollegen mit unseren Mitarbeitern zusammenarbeiten, um die Fläche genau zu lokalisieren und abzustecken.« Es war ein einfacher Erfolg für uns, und wir waren überglücklich.

Dies geschah in ganz Indien. Zwischen 1951 und 1971 wurden Vinoba auf ähnliche Weise vier Millionen *acres* Land (etwa 1,6 Millionen Hektar) geschenkt. Das war sozialer Aktivismus in seiner reinsten Form. Und während dieser Jahre wanderte Vinoba selbst über hunderttausend Meilen durch ganz Indien, von Kaschmir bis Kerala, von Goa bis Assam. Ich hatte das große Glück, mit ihm zu wandern und als Lehrling in Aktivismus mit ihm zu arbeiten.

1961 gingen eines Morgens mein Freund E.P. Menon und ich in ein Café, um unseren Morgenkaffee zu trinken und zu frühstücken. E.P. wurde in Kerala, Südindien, geboren. Er und ich arbeiteten in der Gandhianer-Bewegung eng zusammen und wanderten mit Vinoba Bhave. Er war ein eifriger Kämpfer für politische Veränderungen und auch ein eifriger Leser von Literatur, etwa den Romanen von Tolstoi. Zu dieser Zeit waren wir beide dabei, in Vinobas Auftrag in der Nähe von Bangalore einen Ashram aufzubauen, einer Stadt der Kultur und des Handels mit einem kühlen Klima und berühmten Cafés und Restaurants. Wir waren Vinoba zutiefst dankbar, dass er uns die Möglichkeit gab, einen Ashram zu errichten, in dem junge Aktivisten wie wir selbst ausgebildet und inspiriert werden konnten.

An diesem Tag erfuhren wir etwas, das unser beider Leben für immer verändern sollte. Während wir auf unseren Kaffee warteten, lasen wir in der Zeitung, dass ein 90-jähriger Philosoph und Nobelpreisträger für Mathematik zu einer Woche Gefängnis verurteilt worden war, weil er in Großbritannien gegen Atomwaffen protestiert hatte. Als wir diese außergewöhnliche Geschichte lasen, waren wir überrascht, verwundert und schockiert. Obwohl ich mich der Idee der Gewaltlosigkeit und des Weltfriedens bereits zutiefst verpflichtet fühlte, war ich erstaunt, von einem westlichen Philosophen hohen Alters zu erfahren, der dem Weg Ghandis folgte und für seine Überzeugung mutig ins Gefängnis ging.

Der Mann war natürlich der britische Friedensaktivist Bertrand Russell. Wir fühlten uns aufgefordert, etwas zu tun, um diesen Philosophen zu unterstützen, der so viel Mut und Standhaftigkeit bewiesen hatte – aber was? Dann erfuhren wir, dass Bertrand Russell und Tausende anderer Atomwaffengegner von Aldermaston nach London marschieren würden. Plötzlich kam uns ein Gedanke: Warum wandern wir nicht von Delhi nach Moskau, Paris, London und Washington – den Hauptstädten all jener Länder, die zu dieser Zeit Atomwaffen besaßen?

»Wow!« Wir hatten unsere zündende Idee gefunden. Wir wollten zu allen vier Atomhauptstädten der Welt gehen.

Wir flogen nach Assam, wo Vinoba unterwegs war. Es war nicht schwer, ihn zu finden. Sowohl die Zeitungen als auch das Radio berichteten über jeden seiner Schritte, und jeder, der etwas auf sich hielt, wusste, wo er war. Er war nicht nur das Gesprächsthema der Stadt, sondern des ganzen Staates Assam!

Wir trafen Vinoba in einem abgelegenen Dorf, wo er nach einem Fußmarsch von zehn Meilen gerade angekommen war. Als er uns sah, fragte er: »Was führt euch so unerwartet hierher? Geht es euch gut? Wie geht es allen in Bangalore?«

Uns war beklommen zumute. Nachdem wir über den Ashram berichtet hatten, enthüllten wir ihm, dass wir eigens gekommen waren, um ihn um seine Erlaubnis, seine Unterstützung und seinen Segen zu bitten, eine Mission für den Weltfrieden und die Abschaffung von Atomwaffen zu unternehmen.

Vinoba war ein wahrer Heiliger – uneigennützig, nicht verhaftet und unbestechlich. »Interessant«, sagte er. »Werdet ihr den ganzen Weg zu Fuß gehen? Welche Route werdet ihr nehmen?« Er bat uns, ihm eine Karte der Länder zu zeigen, durch die wir wandern würden. Wir führten ein langes Gespräch über die Route und die Vor- und Nachteile der verschiedenen Alternativen. Dann schob er plötzlich die Karte beiseite.

»Ja, ihr habt meinen Segen, aber ich gebe euch zwei Waffen, um euch auf dieser langen Reise zu schützen. Erstens: Ihr seid Vegetarier und müsst es auch bleiben. Und zweitens: Ihr müsst ohne einen Pfennig in der Tasche gehen.«

Wir waren fassungslos.

»Vegetarier bleiben, das verstehen wir, Vinoba, aber wenn du sagst, wir sollen kein Geld mitnehmen, meinst du dann wirklich, dass wir überhaupt kein Geld haben dürfen? Was ist, wenn wir einen Tee kaufen oder ein Telefonat führen müssen?«

Vinoba erwiderte: »Entweder man hat viel Geld, wie ein König, oder man hat kein Geld und lebt wie ein Sadhu.« Er lachte und fuhr fort: »Krieg beginnt mit der Angst vor anderen, und Frieden entsteht aus Vertrauen. Es ist nicht gut, nur Frieden zu predigen; um ein wahrer Friedensstifter zu sein, muss man Frieden praktizieren, und das bedeutet, Vertrauen zu üben. Geht also auf diese große Reise mit Vertrauen in eurem Herzen. Vertraut den Menschen und vertraut dem Universum, und alles wird gut.«

Aber wir waren immer noch besorgt und unsicher. »Sicherlich vertrauen wir den Menschen, aber könnten wir der Einfachheit halber nicht ein wenig Geld mitnehmen?«

Vinoba nannte uns den praktischen Grund, ohne Geld zu wandern. »Wenn ihr nach einer langen Wanderung an einen Ort kommt, werdet ihr euch müde und erschöpft fühlen. Wenn ihr Geld habt, esst ihr in einem Restaurant, schlaft in einem Gasthaus und geht am nächsten Tag weiter. Aber wenn ihr kein Geld habt, seid ihr gezwungen, jemanden zu finden, der euch für die Nacht beherbergt. Man wird euch Essen anbieten, und ihr werdet sagen, dass ihr Vegetarier seid, und man wird euch fragen, warum? Und dann kann eure Unterhaltung über den Frieden beginnen.«

Vinoba war mein Guru, und die Beziehung zwischen einem Novizen und einem Guru besteht darin, dass man sich der Führung und Weisheit des Gurus vollkommen und bedingungslos unterwirft. Auf jeden Fall war ich, nachdem ich neun Jahre lang als Jain-Mönch ohne Geld gelebt hatte, etwas besser vorbereitet als Menon. Aber auch er war so mutig zu sagen: »Ja, lass unsere Reise eine Pilgerfahrt sein.«

Nachdem wir Vinobas Segen erhalten hatten, fuhren wir nach Neu-Delhi, zum Raj Ghat, dem Grab von Mahatma Gandhi. Dort begannen wir unsere Pilgerfahrt, nicht nur ohne Geld, sondern sogar ohne Pässe. Die indische Regierung verlangte dafür nämlich eine Kaution von 20.000 Rupien. Falls wir aus irgendeinem Grund repatriiert werden müssten, würde die Kaution zur Deckung dieser Kosten dienen. Dies war ein guter Test für uns – ob wir darauf vertrauen konnten, dass die indische Regierung uns Pässe ausstellen würde oder nicht. Die indischen Zeitungen berichteten über unsere Pilgerfahrt, und ein Parlamentsabgeordneter stellte dem Premierminister Nehru die Frage: »Warum wird Friedenspilgern ihr Geburtsrecht auf freie Staatsbürgerschaft, uneingeschränkte Reisefreiheit und einen Reisepass verweigert?«

Herr Nehru war damals nicht nur Premierminister, sondern auch Außenminister. Wir hatten ihn bereits über unsere Pläne informiert und eine ermutigende Antwort sowie seine guten Wünsche erhalten. So übernahm er persönlich die Verantwortung, die bürokratischen Hürden zu überwinden, und am Tag vor dem geplanten Grenzübertritt nach Pakistan suchten zwei Beamte uns auf, um uns unsere Pässe zu übergeben. Das Vertrauen hatte gesiegt.

Dann standen wir mit unseren Pässen ausgestattet an der indisch-pakistanischen Grenze und waren bereit zur Ausreise. 35 Männer und Frauen kamen, um sich von uns zu verabschieden. Die meisten waren begeistert von unseren Plänen, aber eine Freundin von uns war eher besorgt und beunruhigt.

»Ist es nicht verrückt, meine Freunde, nach Pakistan zu gehen? Wir befinden uns im Krieg mit diesem Land, es sind unsere Feinde. Ihr habt kein Geld, kein Essen und seid zu Fuß unterwegs. Was ist mit eurer Sicherheit?« Sie redete auf uns ein. »Vergesst Vinoba, ihr solltet wenigstens etwas zu essen bei euch haben, hier sind ein paar Pakete mit Lebensmitteln, die euch versorgen, während ihr euch nach einem mitfühlenden Gastgeber umseht.«

Dies war ein Moment der Prüfung. Ich dachte kurz an Vinobas Worte und sagte zu meiner Freundin: »Danke für deine Freundlichkeit, aber diese Pakete mit Lebensmitteln sind keine Pakete mit etwas zu essen, es sind Pakete des Misstrauens. Was sollen wir unseren pakistanischen Gastgebern sagen? ›Wir wussten nicht, ob ihr uns etwas zu essen geben würdet oder nicht, also haben wir aus Indien unser eigenes Essen mitgebracht.‹ Bitte verstehe und verzeihe uns, dass wir dein freundliches Angebot ablehnen müssen.« Die Frau war in Tränen aufgelöst.

»Warum weinst du, meine Freundin? Bitte gib uns deinen Segen.«

»Satish, vielleicht sehe ich dich zum letzten Mal. Du gehst in muslimische Länder, in kapitalistische Länder, durch Wüsten, Dschungel, Berge, Schneestürme, und du hast kein Essen und kein Geld. Ich kann mir nicht vorstellen, dass du diese Tortur überleben und lebend zurückkehren wirst.« Meine Freundin schluchzte jetzt wirklich.

»Keine Sorge, liebste Freundin, wenn ich sterbe, während ich für den Frieden wandere, ist das die beste Art Tod, die ich haben kann. Von heute an werde ich also für den Frieden wandern, ohne den Tod zu fürchten und ohne den Hunger zu fürchten. Wenn ich an manchen Tagen nichts zu essen bekomme, werde ich das als Gelegenheit zum Fasten betrachten, und wenn ich an manchen Tagen keine Unterkunft bekomme, werde ich das als Gelegenheit sehen, in einem Hotel mit einer Million Sternen zu schlafen. Das ist doch bestimmt besser als ein Fünf-Sterne-Hotel!«

Aber selbst dieser Scherz besänftigte meine Freundin nicht. Sie umarmte mich fest, immer noch schluchzend, aber sie sah ein, dass sie mich nicht zurückhalten konnte. Auch wenn es auf Leben oder Tod war: Menon und ich waren fest entschlossen, zu gehen.

Zu unserer großen Überraschung kam, kaum dass wir pakistanischen Boden betreten hatten, ein junger Mann auf uns zu und fragte begeistert: »Seid ihr die beiden Wanderer, die um des Friedens willen nach Pakistan kommen?«

»Ja, das sind wir, aber woher weißt du davon? Wir kennen niemanden in Pakistan. Wir haben an niemanden in deinem Land geschrieben, und doch scheinst du alles über uns zu wissen. Wie kommt das?«

»Euer Ruhm ist euch vorausgeeilt. Ich habe in der örtlichen Zeitung über euch gelesen, und einige andere Reisende, die ebenfalls aus Indien kamen, haben euch gesehen und von euch gesprochen. Als ich hörte, dass uns zwei Inder in Freundschaft die Hände reichen, war ich gerührt und bewegt. Ich habe schon tagelang nach euch gesucht. Ich bin auch für den Frieden. Was für ein Unsinn, dass sich Indien und Pakistan im Krieg befinden.«

Der Fremde fuhr fort: »Bis 1947 waren wir ein Volk. Wir können nicht anders, als Nachbarn und Freunde zu sein, und so bin ich gekommen, um euch willkommen zu heißen.«

Seine Worte waren Musik in unseren Ohren. Ich sagte ihm: »Danke, du hast ein großes Herz und einen wachen Verstand. Frieden lässt sich nicht durch Engstirnigkeit erreichen. Wenn wir als Inder hierherkommen, treffen wir auf Pakistaner. Wenn wir als Hindus hierherkommen, treffen wir auf Muslime. Aber wenn wir als Menschen kommen, dann treffen wir auf Menschen.«

Ich erklärte weiter: »Ein Hindu, ein Muslim, ein Inder oder Pakistani zu sein, das sind unsere zweitrangigen Identitäten. Mitglieder der menschlichen Gemeinschaft und der Erdgemeinschaft zu sein, ist unsere vorrangige Identität.«

Der junge Mann, Gulam Yasin, umarmte uns beide herzlich und bot uns die Gastfreundschaft seines Hauses an. Fünf Minuten zuvor hatte meine Freundin aus Angst vor den muslimischen pakistanischen Feinden geschluchzt, und jetzt, nur wenige

Augenblicke später, umarmten wir einen! Dies wiederholte sich Tag für Tag und Nacht für Nacht in ganz Pakistan. Immer wieder zeigte sich, dass der Krieg nicht zwischen Hindus und Muslimen oder zwischen Indern und Pakistanern stattfand, sondern zwischen machthungrigen Politikern und profitgierigen Herstellern von Kriegswaffen.

Ob wir durch die Ebenen Pakistans oder über die Höhen des Khyber-Passes wanderten, ob wir von den Rotariern in Rawalpindi oder von den temperamentvollen Pathans in Pakistan versorgt wurden, der Ruf der einfachen Leute auf der Straße war derselbe – verschwendet nicht unseren Reichtum oder unser Talent für Waffen des Hasses, tut etwas, um die Harmonie und das Wohlergehen der Menschen zu fördern, all jener, die auf den Feldern, in den Fabriken, in den Schulen und in den Krankenhäusern arbeiten.

Abgesehen von den vielen Blasen an den Füßen wurden wir auf unserer Reise durch die Berge Afghanistans, die Sandstürme des Irans und die üppigen Weinberge Aserbaidschans mit der Großzügigkeit der Menschen gesegnet. Dass wir kein Geld hatten, erwies sich eher als Segen denn als Hindernis. In dem Moment, als die Menschen erkannten, dass wir Friedenspilger waren, die sich vom Geld losgesagt hatten, waren sie begieriger denn je, uns zu helfen, und viel bereitwilliger, als wenn wir Geld bei uns gehabt hätten.

Die kühle Stille des Kaspischen Meeres, die imposante Größe des Berges Ararat, die üppigen Obstgärten in Armenien und die tiefgrünen Teegärten in Georgien waren ebenso inspirierend wie die Menschen in diesen Ländern. Über die transformative Erfahrung der Freundlichkeit, die wir während unserer Reise erfahren haben, habe ich in meinem Buch *No Destination* geschrieben, aber ich möchte die Geschichte des »Friedenstees«, auf unserer Pilgerfahrt ein besonderer Höhepunkt, noch einmal erzählen.

Das Schwarze Meer zur Linken, das Kaukasusgebirge zu unserer Rechten, stapften wir Tag für Tag weiter. »Erreichen wir wirklich etwas?« fragte ich meinen Begleiter Menon mit einiger Verzweiflung in meiner Stimme.

»Fühlst du dich schlecht?« fragte er. »Dann denke daran, dass es nur um das Handeln und nicht um die Ergebnisse geht. Komm schon, reiß dich zusammen.«

Menons Worte erinnerten mich an das berühmte Lied von Rabindranath Tagore:

> Wenn niemand auf deinen Ruf hört,
> Auch dann geh allein, geh allein.
> Auch wenn alle wegschauen,
> Sprich allein, sprich allein.
> Auch wenn der Weg schwer wird,
> Wander allein, wander allein…

Tagores Worte halfen mir ein wenig, aber nicht wirklich. Ich war immer noch von Zweifeln geplagt. In diesem Moment fielen mir jedoch zwei junge Frauen auf, die in der Sonne standen und die Wärme genossen. Ich gab ihnen ein Flugblatt in russischer Sprache, in dem das Ziel, die Route und unsere Friedensaktion beschrieben waren. Eine von ihnen sagte: »Wir haben im Radio von euch gehört, was für ein Zufall, dass wir euch treffen. Seid ihr wirklich den ganzen Weg von Indien hierhergelaufen?«

»Ja, das sind wir!«

»Unser Heiliger Rasputin ist zu Fuß nach Indien gegangen. Macht ihr einen Gegenbesuch?«

»Das kann man so sagen«, antworteten wir in dem einfachen Russisch, das wir gelernt hatten. Wir wollten gerade gehen, als eine der Frauen sagte: »Wir arbeiten in einer Teefabrik, es ist Mittagspause, möchtet ihr eine Tasse Tee in unserer Kantine trinken und uns alles über eure Reise erzählen?«

»Natürlich«, antworteten wir. »Jederzeit ist Teezeit!«

Wir gingen mit den Frauen zurück in die Fabrik, ließen unsere Rucksäcke zu Boden fallen und begannen, uns bei einer Tasse Tee zu entspannen. Einige der sowjetischen Arbeiter begannen, sich um uns zu scharen; Fremde aus Indien zu sehen, war für sie ganz neu. Bald gab es auch Kekse und Brot, und Menon und ich setzten uns gerne hin, genossen den köstlichen Tee und beantworteten Frage um Frage. Die Neugierde dieser Arbeiter war grenzenlos. Auch wenn es sich um einen abgelegenen Ort auf dem Land handelte, erfüllten ihre Sorge um den Frieden und ihr Erstaunen über die Dummheit der Militaristen, die Ressourcen für nutzlose Atomwaffen verschwendeten, den Raum. Während wir tief in eine Diskussion über Abrüstung vertieft waren, hatte eine der beiden Frauen, die wir anfangs kennengelernt hatten, einen Geistesblitz. Sie stand plötzlich auf, verließ den Raum und kam einen Moment später mit vier kleinen Päckchen Tee zurück.

»Ich habe eine besondere Bitte«, sagte sie. »Diese vier Pakete Tee sind für die vier Führer der Atommächte der Welt. Ich komme an diese Staatsoberhäupter nicht heran, aber ich möchte, dass ihr beide unsere Botschafter und bitte die Überbringer dieses ›Friedenstees‹ seid und ein Päckchen unserem Premierminister im Kreml, das zweite Päckchen dem Präsidenten Frankreichs im Élysée-Palast, das dritte Päckchen dem Premierminister des Vereinigten Königreichs und das vierte Päckchen dem Präsidenten der Vereinigten Staaten überbringt.«

Bei diesem Wunsch wurden wir ganz still. Was für ein außergewöhnliches Geschenk!

»Und bitte überbringt den Tee mit einer Botschaft von uns, von dieser kleinen Fabrik am Schwarzen Meer. Unsere Botschaft an sie lautet wie folgt: Dies ist kein gewöhnlicher Tee, es ist ein Friedenstee, und wenn Sie je auf den verrückten Gedanken kommen, den Atomknopf zu drücken, halten Sie bitte einen Moment inne und trinken Sie eine frische Tasse Friedenstee. Das wird Ihnen einen Moment Zeit geben, darüber nachzudenken, dass Ihre Atomwaffen nicht nur Ihre Feinde töten werden, sondern Männer, Frauen, Kinder, Wälder, Vögel und Seen, kurzum: alles Leben. Also denken Sie noch einmal nach und drücken Sie nicht auf den Knopf.«

»Wow!« sagte ich. »Was für eine Botschaft.«

Ich erzählte Menon, dass meine Bedrückung verschwunden war. Auf jeden Fall würden wir diese Pakete mit Friedenstee den jeweiligen Adressaten übergeben, genau wie die Frau es gewünscht hatte. Wir dankten ihr, dass sie uns einen so besonderen Auftrag erteilt hatte. »Es ist uns eine Ehre, deine Friedensbotschafter zu sein«, sagten wir. Die Frau strahlte. Sie war voller Liebreiz, Anmut und Schönheit. Als sie uns umarmte, klatschten alle im Raum. Das war die beste Verabschiedung, die wir je hatten.

Nach vielen Höhen und Tiefen, Kämpfen und Auseinandersetzungen kamen wir schließlich in Moskau an. Der Regierungschef Nikita Chruschtschow schickte uns einen herzlichen Brief, in dem er uns gratulierte, aber bedauerte, dass er uns nicht persönlich treffen könne. Wir wurden jedoch in den Kreml eingeladen, um das Paket mit dem Friedenstee dem Vorsitzenden des Obersten Sowjets, Herrn Spiridonow, zu übergeben, der das Geschenk an den Premierminister weiterleiten würde.

Die Pracht des Kremls war beeindruckend, aber was Herr Spiridonow bei der Entgegennahme des Tees sagte, war weniger überzeugend. »Unser Regierungschef Chruschtschow und die Regierung machen den Westmächten laufend Vorschläge, um den Frieden zu sichern. Dort sind also die Adressaten, in Westeuropa und Amerika, und ich bin froh, dass Sie Ihre Botschaft dort hinbringen.« Damit hatte er den Schwarzen Peter weitergegeben!

Von Moskau aus sind wir durch tiefen Schnee gegangen. Wir wanderten durch russische Städte und Dörfer, aber auch durch belarussische, polnische, deutsche und belgische Land- und Stadtlandschaften. Wir hatten zehn Monate gebraucht, um nach Moskau zu gelangen, und es dauerte weitere sechs Monate, bis wir in Paris ankamen. Wir wollten unbedingt Präsident de Gaulle treffen, aber alle unsere Briefe und Telefonanrufe blieben ohne Antwort. Also gingen Menon und ich mit der Unterstützung französischer Friedensaktivisten zum Elysée-Palast, um eine Audienz beim Präsidenten oder seinen Vertretern zu erhalten. Aber die Wachen, die Beamten und die Polizei drängten uns, weiterzugehen, da es illegal sei, vor den Toren des Palastes zu demonstrieren oder sich dort zu versammeln. Da wir uns weigerten, ihren Anweisungen

Folge zu leisten, wurden wir verhaftet und ins Gefängnis gesteckt, wo man uns mit der Abschiebung nach Indien drohte. Nach dreitägigen Verhandlungen, an denen auch der indische Botschafter beteiligt war, durften wir den Friedenstee dem Chef der Pariser Polizei übergeben, der versprach, ihn an den Palast weiterzuleiten. In gewisser Weise waren wir froh, dass wir in Paris inhaftiert worden waren, denn so war unsere Friedensaktion tatsächlich eine in den Fußstapfen von Bertrand Russell.

Mit Hilfe unserer französischen Freunde überquerten wir den Kanal mit der Fähre und gingen dann von Dover zu Fuß nach London, um ein Treffen mit Premierminister Harold Wilson zu erreichen. Auch hier war der Premierminister zu beschäftigt, um sich mit uns zu treffen; er bat jedoch Lord Atlee, den ehemaligen Premierminister, und einen Beamten des Außenministeriums, uns zu empfangen und das Paket mit Friedenstee im Namen von Herrn Wilson entgegenzunehmen. Als er uns im Oberhaus empfing, sagte Lord Atlee: »Liebe Jungs, seid versichert, dass niemand Atomwaffen einsetzen wird: Es ist nur eine Show.« Er lachte, aber die Worte dieses fröhlichen kleinen, schlanken Politikers überzeugten uns nicht.

»Wenn das so ist, warum verschwenden wir dann unsere Zeit und unsere Ressourcen für diese Spielzeuge, während Menschen in der Welt hungern, Schulen und Krankenhäuser keine Mittel haben und Kinder in Angst aufwachsen?«

»Das ist Politik, Leute, das ist Politik«, antwortete er. Es war schön und gut, dass ein Politiker im Ruhestand so selbstgefällig war, aber er versprach, dass das Päckchen Friedenstee einen Platz in der 10 Downing Street, dem Sitz des Premierministers, bekommen würde. Wir trafen Bertrand Russell. Das war ein Moment der Freude und Inspiration. Nach unserem langen Gespräch und den Geschichten über unsere Abenteuer servierte uns Lord Russell Tee und Kuchen und sagte: »Make tea, not war!«

Dank der finanziellen Unterstützung verschiedener britischer Friedensgruppen überquerten wir den Atlantik an Bord des Schiffes *Queen Mary* und kamen so nach New York. Von dort aus gingen wir zu Fuß nach Washington, D.C. Präsident Johnson beauftragte seinen speziellen Assistenten, Herrn Brooks Hays, uns im Weißen Haus willkommen zu heißen, wo er uns einen herzlichen Empfang bereitete. Im Vergleich zum Kreml fühlte sich das Weiße Haus neu an und war weit weniger prächtig, aber die Politik der beiden Orte war nicht unähnlich.

»Amerika führt die Friedensverhandlungen in allen internationalen Foren«, sagte Brooks Hays. »Es sind die Sowjets, die Hindernisse schaffen. Da Sie dort gewesen sind, wissen Sie sicher, wie sie sind. Kommunismus und Frieden sind ein Widerspruch in sich… Was sollen wir machen?«

Ich fragte mich, welche Hoffnung auf Frieden bestand, wenn Präsident Johnson einen so verschlossenen Assistenten hatte. Dennoch wurde uns zugesagt, dass der Präsident das Paket mit dem Friedenstee in Ehren halten würde.

Wir haben unser Bestes getan, um gute Botschafter der Teearbeiterinnen vom Schwarzen Meer zu sein, und dieser starke Friedenstee wirkt immer noch. Es wurden keine Atomwaffen eingesetzt, und ich drücke die Daumen, dass dies auch nie passieren wird. Aber die Bomben sind immer noch da, und solange sie existieren, werde ich mich weiterhin für Abrüstung einsetzen. Das ist mein Versprechen als Friedensaktivist.

Nachdem ich 8.000 Meilen durch 15 verschiedene Länder gelaufen bin, habe ich eingesehen, dass Frieden eine Geisteshaltung und eine Lebensweise ist. Ich begann mit der Suche nach innerem Frieden als Jain-Mönch, dann verfolgte ich den politischen Frieden mit der Landbewegung, und danach suchte ich den Weltfrieden, indem ich die Atommächte dazu aufforderte, einseitig abzurüsten. Während dieser Zeit wurde mir gewahr, dass ich von der Erde gehalten, von der Natur genährt und von Flüssen, Wäldern, Blumen und der Wildnis getragen werde. Solange wir keinen Frieden mit dem Planeten schließen, werden innerer Frieden und Weltfrieden kaum zu erreichen sein.

Bei meiner Wanderung über die Kontinente und dem Erleben der Funktionsweise unserer modernen Zivilisation bin ich zu dem Schluss gekommen, dass sich die Menschheit im Krieg mit der Natur befindet. Während meiner Wanderung wurde ich Zeuge der industriellen Landwirtschaft in Europa und Amerika, der Art und Weise, wie wir natürliche Ressourcen abbauen und nutzen, Wälder abholzen, die Meere überfischen, das Land mit Chemikalien, Pestiziden und Herbiziden vergiften und Treibhausgase in die Atmosphäre ausstoßen – und damit das Klima verändern, das unsere Lebensgrundlage ist. All dies sind Akte der Aggression gegen die Erde. Deshalb bin ich nicht nur Friedensaktivist, sondern auch Öko-Aktivist geworden, nicht nur ein Friedenspilger, sondern ein Erdpilger, und auf diese Weise umfasst mein Aktivismus den inneren Frieden, den Weltfrieden und den grünen Frieden!

Eine grundlegende Tatsache ist, dass wir es uns auf einem endlichen Planeten nicht leisten können, unendlich viel zu verbrauchen, zu verschmutzen und zu verschwenden. Daher ist ein einfaches Leben ein Gebot des Friedens. Selbst wenn es keine Ressourcenknappheit gäbe, führt das unaufhörliche Wirtschaftswachstum zu Belastung: durch unnötigen Ballast und unerwünschte Dinge. Die Menschen nennen das ihren hohen Lebensstandard und führen Kriege, um diesen Standard zu halten. In Wirklichkeit ist es jedoch eine Kriegswirtschaft und ein ernsthaftes Hindernis für ein glückliches, angenehmes, friedliches und freies Leben. Deshalb ist ein einfaches Leben auch ein spirituelles Gebot.

Im Charakter, in der Art des Stils,
in allen Dingen ist das höchste Gut die Einfachheit.

Henry Wordsworth Longfellow

3

Das Leben ist eine Pilgerfahrt

Glaube ist nicht
das Anklammern
an ein Heiligtum,
sondern eine endlose
Pilgerfahrt
des Herzens.

Abraham Joshua Heschel

Als ich eine Pilgerfahrt zum Berg Kailash in Tibet unternahm, wanderte ich in steinigem, steilem, bergigem Gelände. Ich stieg bis auf 18.500 Fuß und überquerte einen eisglatten Gletscher. Die Idee der Pilgerfahrt ist, dass nur sehr wenig geplant, festgelegt oder vorhersehbar ist. Wenn Schwierigkeiten auftauchen, sind sie willkommen. Wenn wir mit Problemen konfrontiert werden, nehmen wir sie an. Probleme sind eine Gelegenheit, Kreativität, Phantasie und Einfallsreichtum zu gebrauchen. Sie stellen unsere Widerstandsfähigkeit auf die Probe. Sie fordern uns heraus, dem Universum zu vertrauen.

Wenn alles geplant und organisiert ist, wenn die Hotels im Voraus gebucht, Reiseführer und Taxis organisiert sind, dann haben wir keine Verwendung für unsere Phantasie und unseren Einfallsreichtum. Diese Fähigkeiten sind in einer Kiste weggeschlossen. Doch wenn wir beispielsweise einen Koffer voller schöner Kleider haben, aber keine Gelegenheit, sie zu tragen, was nützt es uns dann, diese Kleider zu haben? Genauso versäumen wir etwas Wichtiges, wenn wir gar keine Gelegenheit haben, unsere Widerstandsfähigkeit und unser Vertrauen zu gebrauchen. Ein Pilger, der mit Schwierigkeiten konfrontiert wird, fragt: »Wie soll ich mit diesem Problem umgehen? Das Universum hat mir ein Rätsel geschickt, lass es mich in Ruhe lösen. Probleme sind willkommen, steiniger Boden ist willkommen.« Pilger wollen keine glatte, asphaltierte Straße, vor allem nicht beim Gehen. Und eine Pilgerfahrt unternimmt man am besten immer zu Fuß.

Die übliche Vorstellung von einer Pilgerfahrt ist eine Reise zu einem heiligen Schrein oder einem heiligen Ort. Ich habe selbst solche Pilgerfahrten unternommen. Aber ich habe erkannt, dass die wahre Bedeutung des Pilgerns darin besteht, frei von jeglichen Anhaftungen, Gewohnheiten und Vorurteilen zu sein: frei von körperlichem und geistigem Ballast. Eine äußere Reise erinnert uns an die innere Reise, und ich habe entdeckt, dass ich immer auf einer Pilgerfahrt bin. Das Leben ist eine Reise. Ich möchte als Pilger durch das Leben reisen.

Zwei Menschen, die meinem Ideal eines Pilgers entsprechen, sind Mahavir, der Gründer des Jainismus, und Mahatma Gandhi, der Vater Indiens. Sie lebten ein Leben der Einfachheit par excellence. Keiner von ihnen fürchtete Schwierigkeiten. Sie glaubten, dass Schwierigkeiten und Leiden Mittel der Läuterung sind. Es gibt eine berühmte Legende über Mahavir, die dies veranschaulicht. Mahavir wurde als Fürst geboren und wurde Mönch. Er verzichtete auf allen weltlichen Besitz. Seine Anhänger wollten immer, dass er zu ihnen nach Hause kommt; sie betrachteten es als ein Privileg, ihm zu essen zu geben. Da das Betteln so einfach war, fragte sich Mahavir: »Wie kann ich es mir selbst schwer machen, etwas zum Essen zu bekommen?« Er glaubte, dass die Angst vor Schwierigkeiten nur überwunden werden kann, wenn man sie annimmt und erfährt.

Also unternahm er ein Experiment und legte folgendes Gelübde ab: »Ich werde erst dann wieder Nahrung zu mir nehmen, wenn sie mir von einer Prinzessin gegeben wird, deren Vater im Kampf besiegt wurde. Diese Prinzessin soll auf dem Markt als Sklavin verkauft worden sein. Und wenn sie mir Essen anbietet, müssen es gekochte Linsen sein, nichts anderes. Außerdem soll ihr Fuß angekettet sein, und sie soll Tränen in den Augen haben. Erst wenn diese Bedingungen erfüllt sind, werde ich wieder Essen annehmen.«

Können Sie sich eine solche Prüfung vorstellen? So viel steiniges Gelände zu durchqueren? Er wollte nicht, dass die Steine aus dem Weg geräumt werden; er wollte, dass Steine auf den Weg gelegt werden, die ihm das Leben schwer machen. So ging er von Haus zu Haus, von Dorf zu Dorf, von Stadt zu Stadt, um eine solche Prinzessin zu finden. Wochen vergingen. Er wanderte hungrig.

Da geschah es, dass es in dem Gebiet, wo Mahavir bettelte, einen Kampf zwischen zwei Königen gab.

Der eine König wurde besiegt. Die siegreichen Soldaten drangen in den Palast ein, nahmen Schmuck, Waffen, Kleider und die Prinzessin mit. Sie sagten: »Wir werden diese Prinzessin für viel Geld verkaufen.« So brachten sie sie auf den Marktplatz und verkauften sie als Sklavin. Sie wurde von einem Kaufmann gekauft. Eines Tages musste er geschäftlich verreisen und wollte nicht, dass die Prinzessin entkam, also fesselte er sie am Fußgelenk und kettete sie an den Türrahmen des Hauses. Er sagte: »Wenn du Hunger bekommst, hier sind gekochte Linsen. Morgen werde ich wiederkommen.«

Mahavir kam in dieses Dorf, und schließlich kam er am Haus des Kaufmanns vorbei. Er erkannte die Prinzessin in Ketten, und sie erkannte ihn als Mahavir. Sie sagte: »In meinem Unglück bist wenigstens du, Mahavir, großer Heiliger, zu mir gekommen. Ich bin gesegnet! Ich möchte dir gekochte Linsen anbieten.« Die Prinzessin war so glücklich. Mahavir schaute sie an. Sie war eine Prinzessin, deren Vater in einer Schlacht besiegt worden war, sie war auf dem Markt verkauft worden, und sie war an einem Fuß angekettet und hatte nur gekochte Linsen zu bieten. Alle Bedingungen waren erfüllt, bis auf eine: Sie lächelte.

»Ich kann dieses Essen nicht annehmen«, dachte Mahavir.

Als er sich abwandte, begannen Tränen aus den Augen der Prinzessin zu fließen. Sie weinte: »Sogar du, Mahavir, hast mich in meinem Unglück im Stich gelassen. Ich dachte, du wärst wenigstens so freundlich und würdest mich segnen, indem du etwas Essen aus meinen Händen annimmst.« Mahavir drehte sich um und sah ihre Tränen. Alle seine Bedingungen waren erfüllt. Er hielt seine hohlen Hände der Prinzessin hin, und sie schöpfte Linsen hinein. In diesem Moment öffnete sich der Himmel. Engel ließen feierlich Rosenblüten vom Himmel fallen, und die Kette am Bein der Prinzessin wurde gelöst. Die Prinzessin, Chandanbala, und Mahavir wurden erleuchtet und gründeten gemeinsam die Jain-Religion.

Diese Geschichte ist allegorisch. Sie ist nicht wörtlich zu nehmen. Die Bedeutung dieser Legende ist, dass der Weg eines Pilgers nicht einfach oder geradlinig ist. Er beinhaltet einen Kampf. Wir in unserer modernen Welt sind Bequemlichkeitssucher. Wir wollen, dass alles einfach und bequem ist. Wir wollen uns nicht mit Schwierigkeiten auseinandersetzen oder Probleme haben. Das macht uns ängstlich. Uns fehlt der Sinn für Abenteuer und Mut, Zuversicht und Vertrauen. Wir zögern, Risiken einzugehen. Uns fehlt das Vertrauen in unsere Fähigkeit, unseren Weg über steinigen Boden zu finden. Wir vergessen, dass Gold, bevor es zu Schmuck verarbeitet wird, durch Feuer gehen muss.

Mahatma Gandhi war ebenfalls ein Verfechter des einfachen Lebens. Er verkörperte den wahren Geist eines Pilgers. Er wurde mehrmals inhaftiert, um Freiheit für sein Volk zu erringen. Im Jahr 1930 protestierte Gandhi gegen das britische Gesetz zur Besteuerung von Salz. Er sagte: »Das ist eine Steuer zu Lasten der Armen. Ich werde das Gesetz nicht befolgen, und wir werden Salz gewinnen, ohne Steuern zu zahlen.« Von seinem Ashram in Gujurat aus pilgerte er zu Fuß zum Meer, und als er dort Salz gewann, wurde er verhaftet und vor Gericht gestellt. Der Richter fragte: »Herr Gandhi, ist Ihnen klar, dass Sie das Gesetz gebrochen und andere Menschen dazu angestiftet haben, dasselbe zu tun? Sie müssen bestraft werden.« Gandhi sagte: »Mein Herr, ich bin Anwalt. Ich weiß, dass ich das Gesetz gebrochen habe. Ich bekenne mich schuldig. Bitte geben Sie mir die härteste Strafe, die es gibt. Ich habe Ihr ungerechtes und unmoralisches Gesetz gebrochen. Ich möchte, dass dieses Gesetz geändert wird.« Der Richter sagte: »Nun gut, Herr Gandhi, ich muss Sie ins Gefängnis schicken. Aber ich hoffe, dass die Regierung Seiner Majestät Sie bald freilassen wird.« Gandhi antwortete: »Mein Herr, ich werde ins Gefängnis gehen, wie ein Bräutigam in sein Hochzeitszimmer geht. Es geht nicht darum, mich aus dem Gefängnis zu entlassen, es geht darum, das Gesetz zu ändern.«

Gandhi war ein Aktivist, der pilgerte. Er befand sich auf einem heiligen Weg. Er kämpfte nicht für Lob, Ruhm oder den Nobelpreis. Er strebte nicht nach materiellem Gewinn oder persönlichem Erfolg. Gandhi folgte den Lehren der Bhagavad Gita: »Man sollte handeln, ohne die Früchte seines Handelns zu begehren.« Auf diese Weise war er den Idealen eines Pilgers treu, dessen Handeln frei vom Ego sein sollte.

Der Akt des Pilgerns hat seinen eigenen inneren Wert. Ein Pilger ist jemand, der im Dienst des Planeten Erde und für seine Selbstverwirklichung handelt und nicht, um andere zu beeindrucken. Alle Schwierigkeiten, Probleme und Unannehmlichkeiten sind Teil der Pilgerfahrt. Pilger wissen in ihrem Herzen, dass selbst die Momente großer Freude vorübergehend sind und vergehen werden. Shakespeare drückte eine altbekannte Weisheit aus, als er sagte: »Rauhe Winde schütteln die lieblichen Knospen des Mai.«

Es ist an der Zeit, als Pilger auf dieser Erde zu leben und nicht als Touristen. Pilger nehmen das Geschenk des Lebens und die Gaben der Natur so an, wie sie ihnen gegeben werden. Jeder Moment ist ein Moment des Feierns; es gibt nichts, worüber man sich beschweren könnte. Pilger befolgen den Rat: »Ich kann die Richtung des Windes nicht ändern, aber ich kann meine Segel so setzen, dass ich mein Ziel erreiche.«

Pilger schätzen Sonne, Regen, Blumen und Früchte, aber auch Sturm, Wind und Schneesturm. Sie akzeptieren das Leben voll und ganz. Rabindranath Tagore drückte das Ideal eines Pilgers so aus: »Wolken kommen in mein Leben geschwebt: nicht mehr um Regen zu bringen oder den Sturm zu rufen, sondern um meinem Sonnenuntergangshimmel Farbe zu verleihen.« Pilger sind frei von der Last der Erwartungen; wenn es keine Erwartungen gibt, gibt es auch keine Enttäuschungen. Sie feiern den gegenwärtigen Moment und vertrauen darauf, dass das Universum einen größeren Plan hat, und deshalb vertrauen sie auf den Prozess des Universums: »Alles soll gut werden, und alles wird gut«, wie der heilige Julian von Norwich sagte.

Eine Pilgerfahrt zu einem heiligen Ort ist ein symbolischer Akt, der uns helfen soll, zu erkennen, dass das Leben immer in Bewegung ist. Ein heiliges Ziel anzusteuern, bedeutet letztlich, zu erkennen, dass der heilige Ort in uns selbst liegt. Das Äußere und das Innere sind eins, Bleiben und Gehen sind eins. Indem wir im Außen eine Reise machen, unternehmen wir eine innere Reise.

Ausgestattet mit dem Geist der Feierlichkeit und des Vertrauens, nehmen die Pilger am Fortgang des Lebens teil, nehmen an der Transformation teil, so, wie Mahavir und Mahatma Gandhi es taten. So ist das Leben eines Pilgers kein Leben in Passivität, sondern ein Leben uneigennützigen Handelns und selbstlosen Dienens.

Für mich hat die elegante Einfachheit ihre Wurzeln in der Idee der Pilgerschaft. Ein Pilger zu sein bedeutet, sowohl äußere Einfachheit als auch innere Einfachheit zu kultivieren. Innere Einfachheit bietet ein tief gegründetes Fundament für äußere Einfachheit.

Lassen Sie uns nun den Zusammenhang zwischen Einfachheit und Spiritualität untersuchen.

Das Einfache kann schwieriger sein als das Komplexe.
Man muss hart daran arbeiten, es einfach zu machen.
Aber am Ende lohnt es sich,
denn wenn man es einmal geschafft hat,
kann man Berge versetzen.

Steve Jobs

4

Elegante Einfachheit

Jeder Narr kann
die Dinge kompliziert machen,
es erfordert ein Genie,
sie einfach zu machen.

E.F. Schumacher

Einfachheit ist eine achtsame Lebensweise. Auf der menschlichen Ebene, auf der Ebene der Gefühle und Beziehungen, auf der Ebene der Behausung, der Kleidung und des Essens – auf jeder Ebene – müssen wir uns fragen: Wie kann ich mein Leben einfach gestalten?

In der heutigen Zeit haben wir unser Leben in der Geschäftswelt, der Politik und der Wirtschaft sehr kompliziert gemacht. Dadurch lastet viel Gewicht auf unseren Schultern, so dass wir voller Angst und Sorge sind. Deshalb ist es unerlässlich zu fragen: Wie kann ich mein Leben einfach gestalten? Wenn wir uns diese Frage jeden Tag stellen, können wir eine Antwort finden, die zur Einfachheit führt. Komplizierte Ideen und Gedanken, die in unserem Kopf herumschwirren, schaffen Verwirrung. Wir müssen zur Ruhe kommen und uns fragen: Muss ich das alles durchdenken oder kann ich direkt zum Kern der Sache kommen? Wenn wir mit jemandem sprechen, können wir dann direkt auf den Punkt kommen? Können wir klar und einfach sein? Die Einfachheit des Geistes, der Sprache und des Handelns ist also ein Kontinuum. Ein einfaches Leben ist ein spirituelles Leben.

Materielle Einfachheit ist nicht gleichbedeutend mit Armut. Einfach und übersichtlich zu leben, bedeutet nicht, dass wir auf ein komfortables Leben verzichten. Es liegt eine innewohnende Eleganz darin, den Besitz zu verkleinern und den Komfort zu vergrößern. Unordnung bringt Chaos, Einfachheit bringt Klarheit. Einfachheit ist die freiwillige Akzeptanz von Grenzen. In Japan gibt es das wunderbare Konzept des *wabi sabi*. Es bedeutet: unprätentiös, selbstbewusst und bescheiden. Die Dinge müssen nicht glatt, glamourös, protzig oder extravagant sein. Sie können roh und leicht sein. Sie können natürlich und schlicht sein. *Wabi sabi* ist eine Art, elegante Einfachheit zu praktizieren. Wie Paulo Coelho sagte: »Eleganz ist dann erreicht, wenn alles Überflüssige abgetan ist.«

Minimalistisch zu sein ist schön. Wenn wir sprechen, ist es besser, wenige Worte zu benutzen. Japanische Haiku sind sehr kurz. Große Poesie braucht nicht viele Worte. Einfache und schlichte, elegante, eloquente und bedeutungsvolle Worte machen gute Poesie aus. Im Sanskrit werden tiefe Gedanken in kurzen Sutras und noch kürzeren Mantras ausgedrückt. Manchmal reicht schon ein einziges Wort wie »Om« aus.

In Indien haben wir das Ideal von *satvik*, was so viel bedeutet wie authentisch, einfach und wahrhaftig. *Satvik*-Lebensmittel sind natürlich und kommen direkt aus dem Garten oder von den Feldern, ohne viel Verpackung. Verpackungen machen die Dinge kompliziert. Ein Supermarkt ist sehr kompliziert. Wir gehen vielleicht wegen ein oder zwei Dingen hin und kaufen am Ende zehn. Aber wenn wir in einen einfachen Laden oder auf einen Bauernmarkt gehen, wo es kein Plastik, keine Etiketten, keine Logos, keine Werbung gibt, wo die Dinge einfach und *satvik* sind, dann bringen wir die Lebensmittel, die wir brauchen, mit nach Hause und bereiten sie mit Liebe, Sorgfalt und Aufmerksamkeit zu. Solche Lebensmittel schmecken köstlich, sie sind gesund und leicht zu verdauen.

Wo es Einfachheit gibt, gibt es auch Wahrhaftigkeit. Einfache Kleidung ist Kleidung, die je nach Jahreszeit warm oder kühl hält. Aber wenn man Kleidung wegen eines Designerlabels kauft, verliert man die Schlichtheit. Du gehst in ein großes, schickes Geschäft und bezahlst eine riesige Summe für ein Hemd, das du in einem einfachen Geschäft viel billiger kaufen kannst. Bei einem Designerlabel zahlt man für den Namen und den Glamour, nicht für das Hemd. So kleidet man sein Ego und nicht seinen Körper. Manchmal wird dies auch als »power dressing« bezeichnet.

Oft wird das Einkaufen zur Gewohnheit, und um diese Gewohnheit aufrechtzuerhalten, müssen wir hart arbeiten, um mehr Geld zu verdienen, um noch mehr Dinge zu kaufen, und schließlich schaffen wir sie auf den Dachboden und vergessen sie.

Äußere Einfachheit lässt sich leichter erreichen, wenn wir gleichzeitig an der inneren Einfachheit arbeiten. Die Einfachheit des Denkens und des Geistes wird zu einem Rückgang des Verlangens nach materiellen Dingen führen. Das Gegenteil einer einfachen Geisteshaltung ist das Streben nach einem Namen, nach Ruhm, Prestige und Macht. Das Ego macht unser Leben und unseren Verstand kompliziert. Wie bekomme *ich* Macht? Wie kann *ich* berühmt werden? Wir sind von solchen Fragen besessen.

Einfachheit führt zu Demut. Demut führt zu richtigen Beziehungen, richtiger Kommunikation, richtigem Verständnis und richtiger Wertschätzung. Dies sind Seelenqualitäten. Wenn wir unser Leben nicht verkomplizieren wollen, dann müssen wir vom *Ego* zum *Öko* gehen. Ego trennt und Öko verbindet. Ego verkompliziert, Öko vereinfacht. *Öko* bedeutet »Zuhause«, wo Beziehungen gepflegt werden. Wenn wir in unserem Ego steckenbleiben, trennt uns dies von anderen.

Elegante Einfachheit auf allen Ebenen – körperlich, materiell, geistig und spirituell – ist der Schlüssel. Wenn wir unser Leben auf allen Ebenen einfach gestalten, dann können wir in Freiheit leben. Die Beseitigung von emotionalem, geistigem und materiellem Ballast ist eine wesentliche Voraussetzung für Freiheit.

Es gibt jetzt sogar einen nationalen Tag der Einfachheit: Das ist der 12. Juli, der als »Zeit, einen Schritt zurückzutreten und unser Leben zu vereinfachen« beschrieben wird. Seine Befürworter schlagen vor, dass man »damit beginnt, langsamer zu werden, sich auf die Natur einzustellen, die einfachen Dinge des Lebens zu genießen, aufzuräumen und nach Ausgeglichenheit zu streben. Wenn man dies getan hat, kann man beginnen, die vielen den Stress abbauenden Vorteile eines einfachen Lebensstils zu genießen.«

Wir können Einfachheit von der Natur lernen. Wir säen einen Samen, dann wirken der Boden, der Regen und der Sonnenschein zusammen, und der Samen wird zu einem Baum. Der Baum hat

Äste, Blüten, Blätter und Früchte. Dann kommt der Herbst, und alle Blätter fallen ab und geben dem Boden Nahrung. Im Winter ruht der Baum und schläft, er hält Winterschlaf. Dann kommt der Frühling, und er schlägt wieder aus. Der Baum ist nicht ehrgeizig, ein Baum will nicht mehr sein, als er ist: Ein Baum will ein Baum sein, das ist alles. Ein Apfelbaum will ein Apfelbaum sein und ist einfach glücklich, einer zu sein. Er braucht nicht mehr oder weniger zu sein. Was auch immer er ist, er ist es. Auch wir können in unserem Leben wir selbst sein, ohne Ambitionen, Ängste, Ego oder Wünsche. Ohne nach etwas zu streben, das wir nicht sind.

Shakespeares Hamlet fragt: »Sein oder nicht sein?« Die Antwort, nach der wir immer noch suchen, ist: zu sein, wer wir sind. Wir selbst zu sein. Ich bin. Ich bin ich selbst. Die Reise der Selbstentdeckung ist eine Reise zur Einfachheit, eine Reise zur Quelle. Von der Quelle fließt das Wasser, es kommen Nebenflüsse hinzu. Familie, Freunde und Kollegen kommen hinzu. Alles verbindet sich mit dem großen Fluss des Lebens. Solche Einfachheit führt zu einem Leben in Fülle.

Spiritualität hilft uns, einfach zu sein. Materialismus ist kompliziert. Materialismus bedeutet Anhäufen und Besitzen. Die Stellung richtet sich nach dem Besitz. Könige und Königinnen haben Paläste und Schlösser. Sie haben eine riesige Menge an Land, Personal und Diener. Es ist schwierig für sie, ein einfaches Leben zu führen. In ähnlicher Weise kann auch das Leben vieler neureicher Milliardäre nicht einfach sein. Sie haben viele Häuser, Angestellte und Berater. Sie stehen unter großem Druck und können nicht das tun, was sie eigentlich tun wollen. Sie sind praktisch gefangen. Jetzt, da Präsident Obama das Weiße Haus verlassen hat, hat er vielleicht mehr Freiheit, das zu tun, was er tun möchte, zu sagen, was er sagen möchte, und zu schreiben, was er schreiben möchte.

Bevor er Präsident wurde, schrieb er ein wunderbares Buch mit dem Titel *The Audacity of Hope* (*Die Kühnheit der Hoffnung*). Aber als er Präsident wurde, verlor er einiges von dieser Kühnheit und Hoffnung.

Wenn wir uns ein Beispiel an spirituellen Führern wie Jesus Christus, Buddha, dem Heiligen Franziskus, Mutter Teresa, Martin Luther King und Mahatma Gandhi nehmen, werden wir feststellen, dass sie alle Freigeister waren. Sie lebten ein sehr einfaches Leben. Mahatma Gandhi trug einen Lendenschurz und spann seine Kleidung selbst. Er hatte einen Schal für den Winter und war im Sommer halb nackt. Wenn er mit dem Zug reiste, fuhr er Dritter Klasse. Einmal fragte ihn jemand: »Warum reisen Sie in der Dritten Klasse, Mr. Gandhi?« Er antwortete: »Ich reise in der Dritten Klasse, weil es keine Vierte Klasse gibt!« Er war ein großes Beispiel für Einfachheit, indem er den Menschen nahe war, natürlich und gewöhnlich. Gewöhnlich zu sein, ist das Außergewöhnlichste, was wir in unserem Leben tun können. Indem wir gewöhnlich sind, lassen wir unser Ego und unseren Wunsch los, bewundert zu werden. Wir sind nicht auf das Urteil anderer angewiesen. Wenn jemand über dich urteilt oder dich kritisiert, dann ist das seine Angelegenheit. Wenn andere denken, dass du nicht erfolgreich seist, weil du kein so großes Haus oder Auto hast, dann ist das ihre Wahrnehmung. Es ist nicht dein Problem. Wir wollen unser Leben einfach und freudig leben, das ist das Wichtigste. Solange wir uns in uns selbst wohlfühlen, ist das genug.

In unserem Bildungssystem werden wir von Lehrern beurteilt. Bei einem Vorstellungsgespräch werden wir erneut beurteilt. Jemand entscheidet, wer gut ist, wer besser ist und wer gar nicht gut ist. Wir sind darauf konditioniert, uns von irgendjemandem beurteilen zu lassen – von unseren Eltern, von unseren Lehrern, von unseren Arbeitgebern oder von unseren Kollegen. Selbsterkenntnis gibt uns die Kraft, von anderen nicht nach den oberflächlichen Maßstäben des Marktes beurteilt oder gemessen werden zu wollen. Wir müssen unsere eigenen Maßstäbe und unsere eigene Vision anlegen, um die dem menschlichen Leben zugrundeliegende Würde zu feiern.

Selbsterkenntnis, Selbstannahme und Selbstwertschätzung gehören zu einem einfachen Leben. Wenn wir frei von Erwartungen sind, sind wir auch frei von Enttäuschungen. Für Einfachheit gibt es keine Formel oder Technik. Jeder von uns muss seinen eigenen Weg finden; es gibt keine Regel, die jeder befolgen muss. Es ist ein lebenslanger Prozess ohne ein endgültiges Ziel. Wir brauchen uns keine Gedanken darüber zu machen, wann wir einen perfekten Zustand der Einfachheit erreichen werden. Wir befinden uns auf einer Reise, einer Pilgerfahrt. Konzentrieren Sie sich Tag für Tag auf die Einfachheit des Geistes, des Denkens, des Sprechens, des Fühlens, des Handelns, der Nahrung, der Kleidung, des Hauses, der Absicht und der Beziehungen. Mit ständiger Aufmerksamkeit wachsen wir in einen natürlichen und unbefangenen Zustand der Einfachheit hinein.

Wir müssen erkennen, dass unser Gehirn aus zwei Hemisphären besteht. Die linke Hemisphäre ist rational, ehrgeizig und berechnend. Die rechte Hemisphäre beinhaltet Vorstellungskraft, Intuition, Gefühle und Geist. In einem Zustand eleganter Einfachheit wirken diese beiden Hemisphären in Gleichgewicht und Harmonie zusammen.

Einfachheit ist nicht nur etwas Äußerliches, sondern auch etwas Innerliches. Wir sind immer damit beschäftigt, zu machen und zu tun, zu denken und zu fühlen. Bei all diesen Tätigkeiten müssen wir innere und äußere Einfachheit kultivieren. Wie kann man beim Kochen, bei der Gartenarbeit, unter der Dusche oder beim Bettenmachen einfach sein? Wir müssen alles, was wir tun, im Kleinen wie im Großen, mit einer leichten Berührung und einem kleinen Fußabdruck ausführen. In dem Moment, in dem wir die Dinge schwerfällig angehen, wird das Leben kompliziert. Einfachheit bedeutet, dass wir durch das Leben fließen, wie ein Fluss durch eine Landschaft fließt.

Komplexität ist nicht gleichbedeutend mit Kompliziertheit. Komplexität ist natürlich und schön. Einfachheit und Komplexität sind komplementär. Unser Körper ist sehr komplex, die Mikroorganismen und Bakterien in unserem Körper sind komplex. Aber der Körper ist auch sehr einfach. Wir alle kommen mit unserem

Körper ganz gut zurecht. Wir essen, wir duschen, wir waschen uns, wir gehen auf die Toilette und wir schlafen; wir tun alles auf einfache Art und Weise und verwalten diese komplexe Struktur. Wir brauchen keinen Doktortitel, um uns um unseren Körper zu kümmern. Das Leben ist komplex und doch einfach. Akademiker und Ökonomen machen es kompliziert. Ein Beispiel: Das Weben eines Tuchs ist ein komplexer und komplizierter Vorgang. Alle Fäden und Farben werden miteinander verwoben, doch ein traditioneller Weber stellt ein komplexes Werk her, ohne einen Universitätsabschluss zu haben. Mit Aufmerksamkeit und Gewahrsein machen die Weber das Komplexe einfach.

Diese Einfachheit ist im Bewusstsein (*con-sciousness*) verwurzelt, was »gemeinsam wissen« bedeutet. Das Bewusstsein verbindet uns mit der Vergangenheit, der Gegenwart und der Zukunft, mit unseren Vorfahren und künftigen Generationen, mit Zeit und Raum, mit Materie und Geist. Das Bewusstsein ist der Grund für unsere elegante und einfache Beziehung zum Universum. In der hinduistischen Philosophie ist das Bewusstsein das grundlegende Prinzip. Das Universum und alle unsere Handlungen darin entstehen aus Bewusstsein. Sonne, Mond, Sterne, Planeten, Galaxien, Bäume, Ozeane, Berge, Tiere und Menschen sind allesamt Manifestationen des Bewusstseins. Die komplexe Frage nach dem Ursprung hat eine einfache Antwort. Dieses unsichtbare Bewusstsein manifestiert sich in sichtbaren Formen. Bewusstsein ist die letztendliche Wirklichkeit. Bewusstsein ist der kosmische Geist. Der dem Menschen innewohnende Geist ist mit dem letztgültigen universellen Geist verbunden. Zwischen dem letztgültigen und dem innewohnenden Geist gibt es keine Lücke, keine Unterbrechung. Wir könnten diesen kosmischen Geist den Geist Gottes nennen, in dem alles aufgeht, in den alles eintaucht. Und aus dem alles wieder auftaucht. In dieser kosmischen Realität gibt es eine implizite Ordnung. Was wie Chaos aussieht, ist in Wirklichkeit geordnet. Diese Ordnung erhält Billionen von Lebensformen, große und kleine. Sie ist von großer Einfachheit.

Wir sollten keine Angst vor dem Chaos in unserem Leben haben. Aus unserer Angst vor dem Chaos heraus haben wir verwickelte Systeme entwickelt. Unser Leben wird jetzt von der Uhr, dem Terminkalender, den Verabredungen beherrscht. Meine Mutter hatte keine Uhr. Nachts wusste sie die Zeit, indem sie in die Sterne schaute. Ihr Leben war einfach. Mein Leben ist im Vergleich dazu kompliziert. Sie hatte einen wilderen Geist. Ich bin ängstlich geworden und organisiert. Mein Garten ist gepflegt. Der Rasen, die Bäume, die Blumen sind geordnet. Das mag wie Ordnung aussehen, aber es fehlt die Qualität von *Wabi Sabi*. Es gibt hier ein Paradoxon: Was als Unordnung erscheinen mag, hat eine implizite Ordnung, und was als Ordnung erscheint, ist kompliziert. Ein Wald scheint chaotisch zu sein, aber es gibt eine implizite Ordnung, die sich selbst organisiert und aufrechterhält. Das Leben meiner Mutter und das Leben des Waldes ähneln einander.

Die Praxis der Einfachheit erfordert Spontaneität und Improvisation. Wenn zum Beispiel jemand vor meiner Tür steht und ich ein Sklave meines Terminkalenders bin, werde ich sagen: »Sie haben keinen Termin vereinbart, ich kann Sie jetzt nicht empfangen, ich bin beschäftigt.« Meine Mutter würde so etwas nie sagen. In der indischen Tradition ist das Wort für Gast *atithi*, was so viel bedeutet wie »jemand, der ohne Anmeldung kommt.« In jeder Situation müssen wir das Ungeplante, das Unerwartete zulassen, wir müssen flexibel und spontan sein. Wir müssen improvisieren. Es kann nicht alles aufgeschrieben werden. Es entstehen ständig neue Dinge. Wir müssen in der Lage sein, die entstehende Situation anzunehmen. Wenn etwas Neues auftaucht, sollten wir es willkommen heißen. Das ergibt eine Art Musik, die in Pakistan Qawwali genannt wird. Sie wird improvisiert. Es gibt einen Vorsänger und einige Nebensänger, zwischen denen ein ständiger Austausch stattfindet. Diese Musik hat etwas Wildes an sich. Auch die klassische indische Musik ist improvisiert. Es gibt keine geschriebenen Noten. Meine Mutter würde sagen, dass das Leben wie Musik ist. Es gibt Skalen, es gibt Muster, aber es gibt keine

Partitur. Das Leben fordert uns auf, zu spielen und zu improvisieren.

Spontaneität und Improvisation befreien uns von Sorgen. Sich Sorgen zu machen, vergeudet unsere Energie. Wir müssen es uns zur Gewohnheit machen, uns nicht zu sorgen. Warum sich um die Vergangenheit sorgen? Wir müssen die Vergangenheit loslassen. Wir brauchen uns nicht um die Zukunft zu sorgen. Khalil Gibran sagte: »Gestern ist nur die Erinnerung von heute, morgen ist der Traum von heute.« Nur die Gegenwart ist real. Deshalb wird sie »Gegenwart« (*present*) genannt – ein Geschenk (*present*). Wir müssen uns auf die Situation, in der wir uns befinden, einstellen. Hierfür gibt es eine Formel: 10 Prozent des Denkens können sich mit der Vergangenheit beschäftigen, 15 Prozent mit der Zukunft und die restlichen 75 Prozent mit der Gegenwart. Wenn wir vor allem in der Gegenwart leben, bewegen wir uns leicht, Schritt für Schritt. Wir können mit offenem Herzen und offenem Geist auf Ereignisse reagieren. Wenn wir uns über die Vergangenheit oder die Zukunft Sorgen machen, verbraucht das unsere Energie, und wir können nicht voll und ganz auf die Situation reagieren, die vor uns liegt. Der gegenwärtige Augenblick ist der kraftvolle Moment. Lasst ihn uns so gut wie möglich leben!

Dazu müssen wir Vertrauen haben: das Vertrauen, dass wir in der Lage sind, mit Zukünftigem umzugehen, wenn es kommt. Wir müssen uns jetzt nicht um die Zukunft sorgen. Wir müssen Probleme nicht vorhersehen. Sie können auftreten – oder auch nicht. Wir haben das Potential, mit der Zukunft zurechtzukommen, was auch immer sie bringen mag, sei es gut oder schlecht, negativ oder positiv. Wir haben Ideen, wir haben Fähigkeiten. Denkt daran: Was immer wir planen, es kann sein, dass der Plan nicht funktioniert. Warum also so viel planen? Wir brauchen nur eine kleine Vorstellung von der Zukunft. Wenn wir zu viel geplant haben und der Plan nicht aufgeht, sind wir enttäuscht.

Anstatt viel zu planen, sollten wir eine Vision haben. Eine Vision ist wie ein Traum. Lass die Planung sich Schritt für Schritt aus deiner Vision entwickeln. Lass die Zukunft entstehen, wie sie will. Wie Joseph Campbell sagte: »Wir müssen das Leben, das wir geplant haben, loslassen, um das anzunehmen, das auf uns wartet.« Nicht auf Pläne fixiert und dogmatisch zu sein, hat seinen Zauber, seine Kraft. Wenn wir zulassen, dass die Dinge sich entwickeln, können Wunder geschehen. Wenn wir zu viel im Voraus planen, können Wunder blockiert werden. Wenn alles geplant ist, gibt es keinen Raum für Neues, das entstehen mag. Es ist simpler, Einfachheit anzunehmen, wenn wir den Weg der minimalen Planung und maximalen Improvisation gehen.

Die Bedeutung eleganter Einfachheit geht in die Tiefe und hat nichts mit Strenge, Mangel, Entbehrung oder Selbstverleugnung zu tun. Es mag paradox erscheinen, aber das Geschenk der Einfachheit ist das Geschenk des Überflusses. Wenn wir wissen, dass genug genug ist, haben wir mehr als genug. Einfachheit bietet uns Genügsamkeit statt Extravaganz, Komfort statt Bequemlichkeit, Zurückhaltung statt Begierde, Versöhnung statt Groll.

Richard Gregg, ein Freund von Mahatma Gandhi, nannte es *freiwillige Einfachheit*. Sie bedeutet Aufrichtigkeit und Ehrlichkeit im Inneren sowie Reduzierung des materiellen Überflusses im Äußeren; sie bedeutet Verzicht auf viele Besitztümer, die für den eigentlichen Sinn des Lebens irrelevant sind; sie bedeutet Zurückhaltung in einigen Bereichen, um in anderen Bereichen des Lebens größere Fülle zu gewährleisten, etwa Zeit für Musik, Poesie, Gartenarbeit, Zeit für Freunde und so weiter.

Wir können diese allumfassende Vision von eleganter Einfachheit in unserem Leben verwirklichen, indem wir Massenproduktion und Massenkonsum meiden. William Morris setzte diese Vision in der Kunsthandwerksbewegung um, indem er seine Vision der Herstellung von einfachen, aber eleganten Gegenständen für den täglichen Gebrauch verwirklichte. Auf diesen Aspekt der Einfachheit werde ich im nächsten Kapitel eingehen.

Ich habe nur drei Dinge zu lehren:
Einfachheit, Geduld und Mitgefühl.
Diese drei sind eure größten Schätze.

Laotse

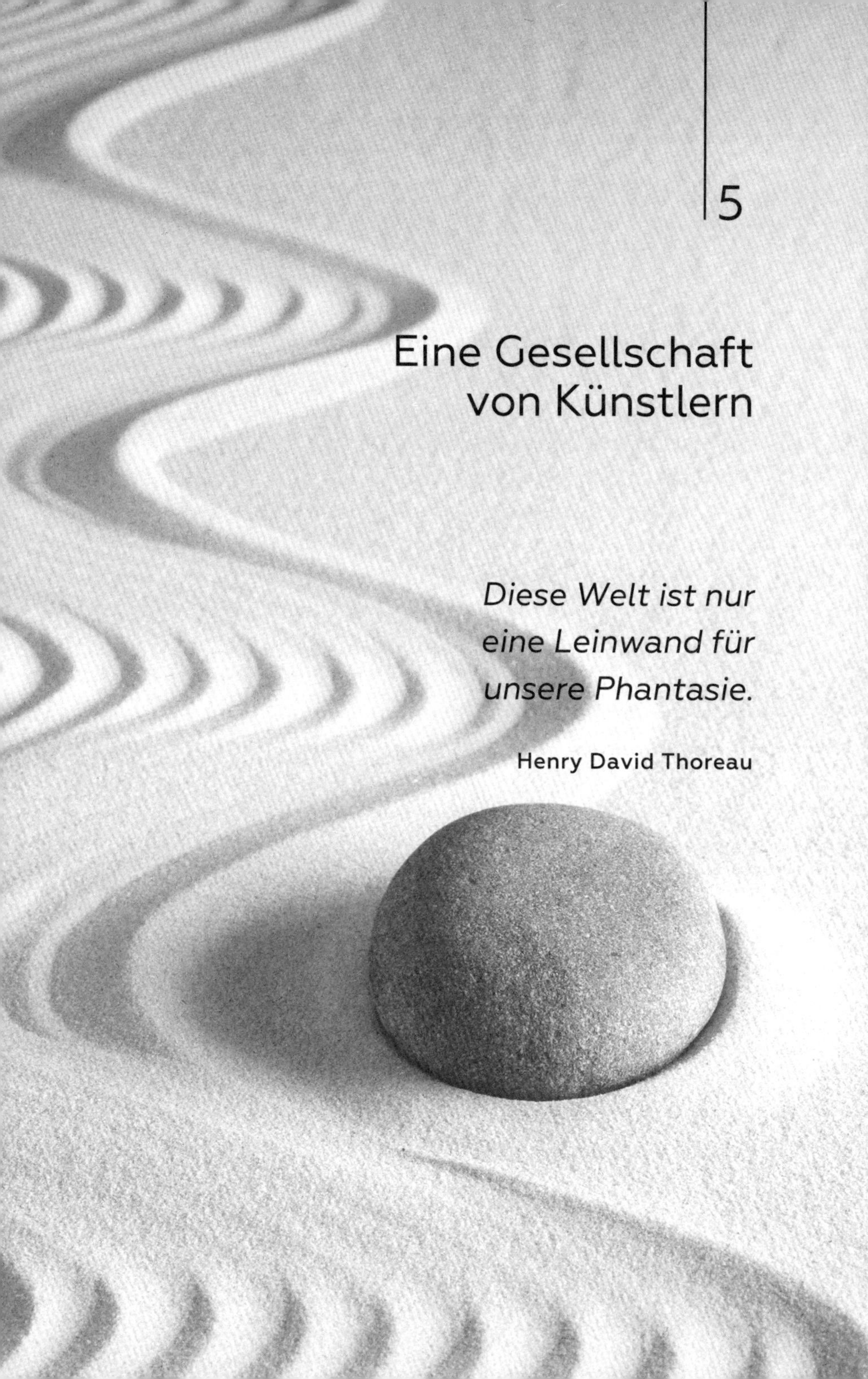

5

Eine Gesellschaft von Künstlern

Diese Welt ist nur eine Leinwand für unsere Phantasie.

Henry David Thoreau

In Indien erlernten die Menschen einst viele der 64 Lebenskünste, wenn nicht sogar alle. Dazu gehörten die Kunst, ein Bett für die Nacht zu bereiten, den Körper zu waschen, sich zu schmücken, Liebe zu machen (Kamasutra), sich um die Familie zu kümmern, ein Feuer anzuzünden, im Tempel zu opfern, zu atmen, zu meditieren, zu singen, zu tanzen, zu malen, ein Haus zu bauen, Nahrung anzubauen, zu kochen, Möbel herzustellen und vieles mehr. Durch die Kultivierung dieser 64 Künste und der geschickten Mittel, in der Welt zu agieren, lernten die Menschen, ihre körperlichen Bedürfnisse ebenso zu befriedigen wie ihre emotionalen, intellektuellen und spirituellen. Es wurde nicht zwischen den Künsten unterschieden, die die spirituellen Bedürfnisse, und denen, die die emotionalen oder körperlichen Bedürfnisse stillen.

Wenn wir einen Topf oder eine Skulptur herstellen, dann arbeiten wir an uns selbst. Wenn wir den Boden kultivieren, kultivieren wir auch unsere Seele. Wenn wir Nahrung auf dem Feld anbauen, kultivieren wir auch Geduld in uns. Die inneren Künste und die äußeren Künste sind zwei Seiten der einen Medaille. Die Künste des Machens und die Künste des Seins ergänzen einander und geben uns ein Gefühl von Erfüllung, Befriedigung und Zufriedenheit. Ein Künstler zu sein bedeutet, ein Schöpfer zu sein – und umgekehrt.

Erst wenn wir an der Herstellung beteiligt waren, haben wir das Recht zu konsumieren. In einem solchen Paradigma, das Arbeitnehmer und Verbraucher in Macher und Künstler verwandelt, werden die Menschen in Kooperativen arbeiten, frei von Hierarchien. Beziehungen werden die Vorstellung von Eigentum ersetzen. Solch ein System wird den Menschen nicht als Eigentümer der natürlichen Ressourcen ansehen. Die natürlichen Ressourcen sind Geschenke. Wir Menschen werden diese Gaben mit Dankbarkeit annehmen, sie mit Bedacht nutzen und sie nicht nur mit allen Mitgliedern der menschlichen Gemeinschaft, sondern mit allen Lebewesen der Erdgemeinschaft teilen.

Künstler suchen nicht nach Arbeit oder Jobs, sie suchen nach dem richtigen Lebensunterhalt, und so ist ihr menschlicher Fußabdruck auf der lebendigen Erde leicht. Wenn die Gesellschaft aus Künstlern besteht, dann wird die Erfüllung der echten Bedürfnisse aller zum Zweck der Wirtschaft, anstatt der falschen Gier einiger weniger zu dienen. Es gibt genug für die Bedürfnisse aller, aber nicht für die Gier von wenigen. Es gibt alles im Überfluss, weil die Natur Überfluss hervorbringt. In einer Gesellschaft von Künstlern gibt es keine Verschwendung und keine Verschmutzung, so, wie es in der Natur weder Verschwendung noch Verschmutzung gibt. Was immer Künstler von der Natur erhalten, geben sie der Natur zurück. Alle Aktivitäten der Künstler sind regenerativ und erneuerbar. Ich träume von einer Gesellschaft von Künstlern, die vor allem die Kunst des Lebens praktizieren. Indem wir die Lebenskunst kultivieren, können wir unser Leben einfacher, harmonischer, freudiger und zufriedener gestalten.

Wenn wir etwas mit der Hand herstellen, schaffen wir unbewusst Schönheit. Weil wir die Kunst der Handarbeit vernachlässigt haben, haben wir uns mit Hässlichkeit umgeben. Die industrielle Massenproduktion hat eine hässliche Zivilisation geschaffen. Wir werden von Zahlen beherrscht, sind von der Wirtschaft und von der Geschwindigkeit besessen – allesamt Feinde der Schönheit. Die moderne Welt wird von einem Ungeheuer heimgesucht, dem Monster des hässlichen Materialismus. Die Göttin der Schönheit ist aus dem Haus der Menschheit verschwunden. Wenn wir uns der Schönheit berauben, sind wir auch der Wahrheit beraubt. »Schönheit ist Wahrheit, Wahrheit ist Schönheit«, schrieb der englische Dichter Keats. Das Fehlen von Schönheit und Wahrheit ist die Ursache für die Dekadenz unserer Zeit. Nur die Kunst, das heißt handwerkliches Schaffen, kann die Probleme der Menschheit heilen. Die Kunst kann die Hässlichkeit unserer Zivilisation fortspülen. Sie ist es, die die Kräfte des Materialismus besiegen und die Herrschaft der Schönheit wiederherstellen kann. Es ist die Kunst, die die Geheimnisse der Vorstellungskraft enthüllen und uns von den Fesseln von Gier, Hektik und Unordnung befreien kann. »Die ökologische Krise ist eine Krise der Ästhetik«, sagte der verstorbene amerikanische Psychologe James Hillman. Indem wir die Ästhetik wiedergewinnen, stellen wir das ökologische Gleichgewicht wieder her.

Aber leider ist auch die Kunst in die Hände der Schlauen und Smarten gefallen. Werfen Sie Elefantenkot auf ein Bild der Jungfrau Maria, und Sie werden ein berühmter Künstler. Stellen Sie Ihr ungemachtes Bett in die Tate-Galerie und verkaufen Sie es als Kunstwerk für eine große Summe Geld. Dies zeigt, wie die Krankheit der Zivilisation alle Lebensbereiche durchdrungen hat. Die Kunst wurde von Entertainern und Geldmachern gekapert.

Wir haben die Weisheit von Henry James vergessen, der sagte: »Es ist die Kunst, die das Leben schafft.« Wir haben die Kunst vom Alltagsleben getrennt und sie in Galerien und Museen verbannt. Jetzt ist es an der Zeit, die Kunst von Sensationslust und Kommerzialisierung zu befreien und ihr ihre Integrität, Authentizität und Bedeutung zurückzugeben.

Ananda Coomaraswamy sagt: »Ein Künstler ist keine besondere Art Mensch, sondern jeder Mensch ist eine besondere Art Künstler.« Hausarbeit, Kochen, Tanzen, Singen und Gärtnern sind einige der Kunstformen, die wir zu unserem Nachteil vernachlässigen. Im Kamasutra wird es als wesentlich für einen guten Liebhaber – Mann oder Frau – angesehen, die 64 Künste des Lebens und Liebens zu erlernen. Wie kannst du deinen Geliebten erfreuen, wenn du nicht weißt, wie man Blumen zieht und sie reizvoll neben dem Bett arrangiert?

Nicht nur Künstler bedeutet Schöpfer, sondern auch das Wort *Poet* bedeutet »Schöpfer«, wie in *Autopoesie*, einem griechischen

Begriff, der »selbst geschaffen« bedeutet. Poesie sind nicht nur phantasievolle Worte auf einem Blatt Papier; jeder phantasievolle Akt ist ein Gedicht. *Poeisis* war zunächst ein Verb, kein Substantiv, und es verwies auf eine Handlung, die die Welt verwandelt. Die poetische Arbeit versöhnt das Denken mit der Materie und der Zeit und den Menschen mit der Welt – eine schöne Vision der Einheit durch den schöpferischen Akt.

Die Natur ist die Poesie Gottes, die Kunst Gottes. Gott handelt durch eine Gärtnerin, die ihren Garten als Kunst gestaltet. In ähnlicher Weise sind die Erzeugung von Solarenergie, die Organisation der Wirtschaft oder die Leitung einer Schule ebenfalls Kunstformen. Kunst ist ein Zustand des Geistes. Wenn wir etwas gut machen, ohne uns von dem Wunsch nach Ruhm, Reichtum oder Macht ablenken zu lassen, dann wird unsere Arbeit zu einem Kunstwerk. Wissenschaftler, Politiker und Geschäftsleute werden zu Künstlern, wenn sie ihre Arbeit mit Liebe und Vorstellungskraft verrichten. James Lovelock, der Begründer der Gaia-Theorie, sagte einmal zu mir: »Ich betreibe Wissenschaft als Künstler. Ich folge nicht den Befehlen von Regierungen oder Konzernen. Ich folge meiner Intuition, meiner Inspiration und vor allem meiner Vorstellungskraft.« Der Bildhauer und Landkünstler Richard Long sagte mir: »Ich gehe wie ein Künstler.« So wird das achtsame Gehen zu einer Kunstform.

Vor einiger Zeit besuchte ich eine Aborigine-Gemeinschaft in Australien. Ich fragte sie: »Was ist eure Arbeit? Wie verdient ihr euren Lebensunterhalt?« Sie antworteten: »Wir sind hier alle Künstler.« Ich war begeistert! Wie viele Gemeinschaften in der Welt können das von sich behaupten?

Bertrand Russell besuchte einmal ein Dorf von Indigenen in Afrika. Tagsüber arbeiteten die Menschen auf den Feldern. Am Abend gab es ein einfaches Essen, hauptsächlich Hirse und ein wenig Fleisch, dazu etwas selbstgemachten Wein. Im Vergleich zu dem in Russland üblichen Drei-Gänge-Menü war das sehr einfach. Dann begannen sie zu singen. Sie sangen immer weiter. Dann begannen sie zu tanzen. Russell schaute auf seine Uhr. Die Dorfbewohner hatten keine Uhren, aber Russell schon. Es war nachts um zehn Uhr. Dann elf Uhr, dann Mitternacht. Seine Gastgeber sangen und tanzten, sie waren glücklich und freuten sich. Russell hatte noch nie eine solche Freude erlebt. Niemand dort machte sich Sorgen über die Probleme der Welt. Diese Stammesangehörigen hatten, wenn überhaupt, nur wenige geistige oder körperliche Probleme, und sie waren sich eines Mangels an materiellem Besitz nicht bewusst. Russell sagte: »Ich wünschte, ich wäre hier geboren, frei von meinen Ängsten und Sorgen!«

Indigene Kulturen haben kein Wort für Kunst, wie wir es in der westlichen Welt verstehen. Für sie ist etwas, das gut und mit Phantasie und Geschick gemacht ist, Kunst, ohne dass sie es als solche bezeichnen. Für sie ist Kunst ein Teil des täglichen Lebens. Aber unsere Konsum- und Industriezivilisation hat die Kunst aus dem Alltag verdrängt. Kunst ist zum Luxus geworden. Malen, Zeichnen, Tanzen, Singen und Schauspielen gehören für die meisten von uns nicht zum Alltag. Wir üben sie entweder als Hobby aus, oder sie werden zum Beruf einiger weniger Privilegierter. Aber Kunst zu leben ist die größte Kunst. *Kunst* bedeutet, »mit Phantasie, Kreativität und mit dem Herzen etwas zu schaffen oder zu gestalten«. Es besteht eine enge Beziehung zwischen jeder Art von Kunst, sei es die bildende Kunst oder das Handwerk.

In indigenen Kulturen ist Kunst weder ein Hobby noch ein Luxus, sondern ein wesentlicher Bestandteil des täglichen Lebens und Daseins. Die Kunstwerke befinden sich nicht in Museen oder Galerien, sondern in den Häusern und auf den Feldern, als Gegenstände des täglichen Gebrauchs. Indigene Kunst ist eine Kombination von Kunstfertigkeit und liebevoller Aufmerksamkeit.

Mit Liebe etwas zu tun bedeutet, sich den Materialien und dem Prozess hinzugeben. Es gibt keine Zurückhaltung. Bei dieser Art von Arbeit gibt man die Kontrolle ab und lässt etwas entstehen. Geschicklichkeit entsteht durch regelmäßiges Üben, wenn sich die Tätigen Tag für Tag ihrer Arbeit widmen. Achtsames Schaffen ist wie Meditation. Der Geist muss im Moment des Schaffens völlig präsent sein. Kunst und Kunsthandwerk sind also eine Möglichkeit, das Leben, die Gemeinschaft, die Kultur und die Natur zu feiern. Es gibt weder eine Hierarchie noch eine Trennung zwischen Kunst und Handwerk.

Von diesem Verständnis von Kunst haben wir uns weit entfernt. In der modernen Welt ist der Künstler wichtiger geworden als die Kunst an sich. Im Mittelalter wurde die Kunst um »Gottes willen« geschaffen. Später wurde Kunst um des »Menschen willen« praktiziert. Die Moderne hängt der Idee »der Kunst um der Kunst willen« an, und in der Postmoderne, in der die Konzeptkunst herrscht, ist es die Kunst um des Künstlers willen. Es fällt mir schwer, etwas als »Kunst« zu bezeichnen, wenn es keine Kunstfertigkeit, keine Schönheit und keine große Vision beinhaltet. Warum sollte man es nicht »Konzept« nennen, anstatt das vielgeliebte Ideal der Kunst zu korrumpieren? Die Kunst kann nicht von der Wahrheit, der Schönheit und dem Leben getrennt werden. Kunst ist nicht nur ein Konzept, sie ist eine Lebensform.

Die Trennung von Kunst und Leben begann, als die Künstler anfingen, einen höheren Status als die Handwerker zu beanspruchen und sich von ihren Kollegen abzugrenzen. Als die Kunst zu einem Statussymbol wurde, löste sie sich vom Alltagsleben. Die Kunst entwickelte sich zu einem eigenständigen Bereich, der nur noch von Menschen mit »besonderen« Talenten ausgeübt und nur noch von Menschen mit großem Reichtum erworben werden konnte. So wurde die Kunst zu einem weiteren Konsumartikel, zu einer Ware, die man kaufen und verkaufen kann, zu einem Investitionsobjekt, und nicht mehr zu einer Lebensweise, die von allen als alltägliche Tätigkeit ausgeübt wird.

Wir stehen an der Schwelle einer neuen Revolution, eines neuen Erwachens, bei dem wir die Beziehung zwischen der Kunst und dem Land, auf dem wir leben, der Kleidung, die wir tragen, und den Dingen, die wir herstellen, zurückgewinnen wollen. Eine neue Bewegung von Künstlern wie Andy Goldsworthy, Susan Derges,

Richard Long, Chris Druery, Sandy Brown und anderen ist im Entstehen. Hier bilden Leben, Natur und Kunst ein nahtloses Kontinuum. Wenn Kunst Teil des Lebens eines jeden ist, kann sie die Wunden der Seele heilen, die durch eine hässliche Zivilisation der Unordnung und des Konsums entstanden sind.

Nur wenn wir die Kultur wieder mit der Natur, den Nutzen mit der Schönheit, das Machen mit dem Verbrauchen und die Kunst mit dem Handwerk verbinden, können wir uns von der Tyrannei des Geldes, des Materialismus und der Massenproduktion befreien.

Kunst hat transformative Kraft. Künstler sind Alchemisten. Sie verwandeln einfaches Material in Objekte der Schönheit, der Freude und des Nutzens. Töpfer nehmen einen Klumpen gewöhnlichen Tons und offenbaren dessen innewohnende Fähigkeit, ein Gefäß zu sein, das reines visuelles Vergnügen mit den alltäglichen Funktionen wie das Aufbewahren von Wasser und Wein, Speisen und Blumen vereint. Maler nehmen rote, blaue und gelbe Pigmente, die sich nicht groß voneinander unterscheiden, bringen sie auf einen Topf oder auf Papier, auf eine Wand oder auf eine Leinwand, und es entsteht ein ansprechendes Kunstwerk, sei es Volkskunst oder bildende Kunst.

Die Materialien, die von den zahlreichen Töpfern, Malern, Bildhauern und Korbflechtern verwendet werden, sind oft preiswert, natürlich und vor Ort verfügbar. Es ist die Kraft der Geduld und der Übung, die Kraft der Vorstellung und der Ausdauer, die Kraft der Hände, der Füße und der Stimme und letztlich die Kraft des menschlichen Geistes, die Weidenruten in Körbe, Stein in Skulpturen, Holz in Kleiderschränke, Töne in Lieder und Worte in Gedichte verwandeln. Das Schöne daran ist, dass wir alle angehende Alchemisten sind. Wir alle sind in der Lage, Künstler und Kunsthandwerker zu werden.

So, wie der Schöpfer den Ton in einen Topf verwandelt, so verwandelt der Ton den Schöpfer in einen Töpfer. Die Fähigkeit des Tons, gewöhnliche und ungeformte Menschen in hochentwickelte und selbstverwirklichte Weise zu verwandeln, wie Bernard Leach und Lucie Rie es waren, ist großartig. Gäbe es keinen Ton, gäbe es keinen berühmten Töpfer wie Michael Cardew; gäbe es keine Farbe, gäbe es keinen Picasso; gäbe es keine Blumen, gäbe es keinen Vincent van Gogh oder Georgia O'Keeffe. Wie der Künstler ein Alchemist ist, der das Gewöhnliche in das Außergewöhnliche verwandelt, so bewirkt das Material eine Metamorphose im Schöpfer. So, wie wir den Schöpfer verehren, müssen wir auch das Material wertschätzen und würdigen. Auf diese Weise überwinden wir die Trennung zwischen bildender Kunst und Volkskunst, zwischen Künstler und Kunsthandwerker. Es ist immer die Innigkeit zwischen dem Hersteller und seinem Material, die Phantasie, Kreativität und Spontaneität offenbart.

Kunst ist kein Beruf, sondern eine Form des richtigen Lebensunterhalts, bei der Beruf und Berufung übereinstimmen. Eine auf Kunst und Handwerk beruhende Wirtschaft ist eine widerstandsfähige Wirtschaft, ja eine Friedenswirtschaft. Je eher wir das Kunsthandwerk als integralen Bestandteil unseres Wirtschaftslebens begreifen, desto eher wird es uns gelingen, das ökologische und spirituelle Unbehagen unserer Zeit zu überwinden. Eine Wirtschaft der Massenproduktion und des Massenkonsums ist ein nicht enden wollendes Wettrennen, das zu grenzenloser Unzufriedenheit führt, mit wenig Sinn für Erfüllung und Befriedigung, die sich aus der Herstellung von Dingen mit eigenen Händen ergeben.

Die Ängste, das Gefühl der Sinnlosigkeit und die Depressionen, unter denen viele Menschen leiden, sind auf einen Mangel an Kreativität zurückzuführen. Die moderne industrielle Zivilisation ist der Feind der Phantasie. Sie ist der Zerstörer von Kunst, Handwerk, Kultur und Kreativität für die Mehrheit der Menschen. Die Minderheit, die an der Ausübung von Kunst und Handwerk festhält, kämpft ums Überleben, oder ist gezwungen, ihre Kunst zu kommerzialisieren und berühmt zu werden.

Das Angestelltendasein steht in krassem Gegensatz zum Künstlerdasein. Eine Gesellschaft, in der jeder ein Künstler sein kann, muss völlig anders organisiert sein als die moderne Gesellschaft. Im gegenwärtigen System regiert die Wirtschaft, nicht die Vorstellungskraft und Kreativität. Die Wirtschaft verlangt von uns, dass wir Massenprodukte konsumieren, um das Wirtschaftswachstum anzukurbeln. Eine Gesellschaft, die auf der Idee beruht, dass jeder Mensch ein Künstler ist, verlangt von uns, dass wir Macher und Hersteller werden, um persönliches, soziales und ökologisches Wohlbefinden zu erreichen. Die Wirtschaft ist in diesem idealen System der Diener des Menschen und nicht sein Herr. In meiner Weltanschauung würde ein Leben in eleganter Einfachheit auf einem soliden Fundament aus Kunst und Handwerk aufgebaut sein. Wir müssen uns von Automatisierung, Industrialismus und Robotersystemen abwenden. Wir müssen uns das Ideal des achtsamen Schaffens zu eigen machen.

Wenn achtsames Herstellen die Grundlage unserer Zivilisation ist, dann wird die künstlerische und handwerkliche Arbeit zu einer spirituellen Praxis. Wir würdigen die materielle Welt und entwickeln dabei einen Sinn für das Heilige. In der indischen Kultur wird dies Karma-Yoga genannt, Yoga des Handelns. Im nächsten Kapitel werde ich die Bedeutung dieser vitalen und visionären Praxis erläutern. Der Weg der eleganten Einfachheit ist eine natürliche Folge des Karma-Yoga.

Mein Gefühl ist, dass die Einfachheit des Lebens darin besteht, man selbst zu sein.

Bobby Brown

6 Yoga des Handelns

Das Leben
ist ein Prozess,
nicht ein Produkt.

Brian Goodwin

Eine der wirkmächtigsten Lehren des Hinduismus ist die des Karma-Yoga, die uns anweist, zu handeln, ohne Früchte davon zu erwarten. Für den westlichen Verstand, der sehr ergebnisorientiert ist, mag dies eine unmögliche Vorstellung sein, aber wenn wir tiefer blicken, steckt viel Weisheit und Einfachheit darin. Diese Lehre hat weitreichende Implikationen und eine radikale Auswirkung auf das tägliche Leben. Sie hat sich über Tausende von Jahren entwickelt, und viele hinduistische Philosophen, Weisen und Praktiker haben zu ihrer Entwicklung beigetragen. Sie haben sie die »Meisteridee« genannt.

Bevor ich mich mit dem Yoga des Handelns befasse, möchte ich ein paar Worte über den Hinduismus schreiben, um den Zusammenhang zu verdeutlichen. Der Hinduismus hat seinen Namen von einem Fluss, der bei uns als Hindu-Fluss (Indus) bekannt ist. Der Fluss Indus hat dem Land seinen Namen gegeben, Indien auf Deutsch und Hindustan auf Hindi, ebenso wie vielen seiner Bewohner, den Hindus, und ihrer Sprache, Hindi. Der Fluss, der als heilig gilt, entspringt dem Berg Kailash, einer heiligen Quelle im Himalaya. Der Fluss fließt durch Ladakh, Kaschmir und dann durch Pakistan, wo er nach Süden zum Arabischen Meer fließt. Als vor einigen Jahrhunderten westliche Menschen den Fluss überquerten, kamen sie in ein Land mit 36.000 Gottheiten, in dem die Menschen die Götter und Göttinnen der Flüsse, Berge und Wälder verehrten. Ausländische Reisende nannten diese Form der Verehrung »Hinduismus«.

Der Hinduismus besteht aus sechs formellen und vielen informellen Philosophien. Einige der tiefgründigsten hinduistischen Gedanken sind in den Upanishaden zusammengefasst, was so viel bedeutet, wie »zu Füßen eines spirituellen Meisters sitzen und sich austauschen«. Es war eine mündliche Kultur. Texte wurden auswendig gelernt und aufgesagt. Die Upanishaden sind in der Regel kurz. Eine von ihnen ist die *Ishavashyopanishad*, die nur 18 Verse umfasst. Der erste Vers fasst den Glauben zusammen, dass die natürlichen Elemente, die Erde, die Luft, das Wasser und das Feuer, heilig sind. Es gibt keinen anderen Gott als den Gott in jedem einzelnen Lebewesen. Es gibt keinen abgetrennten Gott jenseits dieser Erde, dieses Universums und dieses Kosmos in einem fernen Himmel.

Alles, was wir sehen, berühren, fühlen, spüren, riechen oder hören, ist heilig. Alles im Universum ist göttlich. Die Upanishaden preisen die Freigiebigkeit der Erde. Sie erinnern uns daran, dass der Samen des Banyanbaums der kleinste aller Samen ist und dennoch den größten Baum hervorbringt. Im botanischen Garten von Kalkutta steht ein großer Banyanbaum mit tausend Ästen. Er ist so groß, dass die Menschen ihn den »Ein-Baum-Wald« nennen. Der Baum bedeckt fast fünf Hektar Land. Dieser Baum ist ein wunderschönes Beispiel für den Reichtum der Erde und ihre heilige Natur.

Die *Ishavashyopanishad* sagt: »Genieße die Früchte der Erde.« Nicht nur die Menschen, sondern jedes Lebewesen ist eingeladen, die Gaben der Erde zu genießen, aber unter einer Bedingung: Nimm nur deinen Anteil und lass für andere etwas übrig, damit auch sie die Früchte genießen können.

In der Apfelsaison hängen so viele Äpfel am Baum, dass Vögel, Wespen und Bienen und sogar die Regenwürmer sie fressen können. Der Boden nährt den Apfelbaum, und die heruntergefallenen Äpfel nähren wiederum den Boden. Dies ist der heilige Kreislauf der Natur.

Die hinduistische Sicht auf das Leben und die Natur ist nicht linear, sondern zyklisch. Wie wir gesehen haben, als wir über die Pilgerfahrt sprachen, ist das Leben eine ewige Reise, ohne Ziel, ohne Bestimmungsort. Deshalb sollten wir uns nicht auf das Ergebnis unserer Handlung konzentrieren, sondern auf die Handlung selbst.

Die *Bhagavad Gita* ist eine weitere wichtige Upanishad. Viele Sanskrit-Gelehrte lernen sie auswendig. Mein Lehrer, Vinoba Bhave, war einer von ihnen. Während des Kampfes für die indische Unabhängigkeit wurde er von den Briten inhaftiert. Mit ihm saßen einige hundert politische Gefangene im Gefängnis. Sie baten Vinoba, ihnen die Essenz der Gita beizubringen. Vinoba sagte: »Das werde ich tun, aber ihr müsst die Erlaubnis des Gefängnisdirektors einholen.« Eine Deputation ging zum Gouverneur, der zustimmte, dass wöchentlich eine große Versammlung im Gefängnis stattfinden und Vinoba einen Vortrag über die Gita halten konnte. Dann fragte der Gouverneur: »Kann ich auch kommen und Vinoba hören?«

»Natürlich könnt Ihr das«, sagten die Gefangenen. So hielt Vinoba im Dhulia-Gefängnis in Maharashtra seine Vorträge über die Gita. Einer der Gefangenen war ein Journalist, der die Vorträge Wort für Wort in Kurzschrift niederschrieb. Diese wurde später als *Talks on the Gita* veröffentlicht. Viele meiner eigenen spirituellen und ökologischen Einsichten wurden maßgeblich von diesen *Gesprächen* inspiriert.

Die Gita ist ein langes Gedicht, eine Allegorie auf Krieg und Frieden. Sie spielt während eines erbitterten Kampfes zwischen den Mitgliedern einer großen Familie. Auf der einen Seite stehen hundert Brüder und auf der anderen Seite ihre fünf Cousins. Sie kämpfen um die Kontrolle des Königreichs. Die Gita ist der Teil des *Mahabharata-Epos*, in dem Lord Krishna mit dem Krieger Arjuna spricht, der Zweifel an einem Krieg hat, in dem er gegen Mitglieder seiner eigenen Familie kämpfen soll. Der Autor verwendet das Konzept des Krieges als Metapher für das Handeln. Er weist darauf hin, dass Krieg eine Folge des Wunsches ist, zu kontrollieren, zu erobern und Macht zu erlangen. Durch die Überwindung dieser menschlichen Begierden können wir Konflikte und Kriege überwinden.

Es ist ebenso ein Kampf zwischen zwei Aspekten der menschlichen Natur, dem aufbauenden und dem zerstörerischen.

Als die *Bhagavad Gita* verfasst wurde, gab es in Indien eine Bewegung, die die Menschen aufforderte, der Welt zu entsagen. Buddha, Mahavir und viele ihrer Anhänger stammten aus den fürstlichen und landbesitzenden Kasten und traten Mönchsorden bei. Die Gita wurde geschrieben, um dieser Bewegung entgegenzuwirken. Krishna sagt zu Arjuna: »Verzichte auf die Bindung an die Welt, aber gib die Welt nicht auf. Verzichte nicht auf das Handeln in der Welt.«

So stellt die Gita die Philosophie des Karma-Yoga auf klarste und tiefgründigste Weise dar. Sie argumentiert, dass Handeln für alle Menschen natürlich ist und sich nicht vermeiden lässt. Wir alle müssen handeln. Unser Körper ist für das Handeln geschaffen. Wenn man jemanden bittet, in einem Raum zu sitzen, und ihm sagt, er solle nichts tun, er solle einfach eine Woche oder einen Monat lang hier sitzen und nichts tun, wäre dieser Mensch nicht glücklich. Unser natürlicher Drang ist es, uns zu bewegen, zu gärtnern, zu kochen, zu werkeln, zu bauen, zu pflanzen, zu singen und zu tanzen. Handeln ist unsere natürliche Quelle der Erfüllung. Handeln ist wunderschön. Handeln ist eine Belohnung in sich, eine Quelle des Vergnügens und der Freude. Die Gita fordert uns auf, uns am Handeln zu beteiligen und uns voll und ganz darauf einzulassen, ohne uns um das Ergebnis zu sorgen. Wenn wir kein Ergebnis anstreben, uns nicht nach Lob und Erfolg sehnen, dann liegt unser Augenmerk voll und ganz auf unserer Handlung, die so perfekt und vollständig wie möglich sein sollte. Wenn wir mit reinen Absichten handeln, dann ist es eine yogische Handlung und bringt keine schädlichen Folgen mit sich. Handeln ohne Yoga ist wie ein klebriger Leim. Der Klebstoff ist der Wunsch nach Leistung und die Anhaftung an sie. Der Wunsch nach Lob oder Anerkennung ist der Klebstoff, der karmische Konsequenzen nach sich zieht. Wenn wir die Früchte unseres Handelns nicht begehren, dann sind wir von Selbstherrlichkeit und Ego befreit. Die Gita sagt: »Verzichte niemals auf die Handlung, verzichte auf das Verlangen nach der Frucht des Handelns. Verzichte niemals auf die Welt, verzichte auf die Anhaftung an die Welt.«

Unser Handeln sollte eine Opfergabe im Dienst anderer sein und nicht zum persönlichen Vorteil gereichen. Wenn jemand krank, alt oder hungrig ist, wie sollen wir ihm denn helfen, wenn wir nicht handeln? Also handelt in Gegenseitigkeit, im Füreinander, im Dienst, mit Liebe, mit Fürsorge, mit Mitgefühl und Freundlichkeit. Jede Handlung ist eine Form des Dienens. Gartenarbeit ist eine Form des Dienens. Wir dienen nicht nur unseren Nächsten, wir pflegen und erneuern auch die Erde selbst. Wir kultivieren den Boden, und wenn wir den Boden kultivieren, kultivieren wir auch unsere Seele. Wenn wir Unkraut aus dem Garten entfernen, entfernen wir auch das Unkraut der Angst, der Wut, des Stolzes, des Egos und der Furcht aus unserem Leben. Indem wir mit dem Boden eins werden, verbinden wir uns wieder mit den Elementen. So wird Gartenarbeit zum Yoga des Handelns, zu einer spirituellen Praxis, zu einer Mediation.

Karma-Yoga wird zu einer Lebensweise. Jede Handlung, die wir mit Aufmerksamkeit und Achtsamkeit ausführen, frei von Verlangen und Anhaftung, ist Karma-Yoga. Kochen, Gartenarbeit, ein Buch schreiben, ein Haus bauen, Möbel herstellen, am Fluss lustwandeln, was auch immer wir tun, wenn wir im Hier und Jetzt völlig präsent sind, dann ist es Karma-Yoga. Dies ist das hinduistische Ideal des Handelns. Wie wir im vorigen Kapitel gesehen haben, konzentriert sich ein Künstler eher auf den Prozess des Schaffens als auf das Ergebnis. Ob er nun singt, tanzt oder malt, die Handlung ist in sich genug. Alle Ergebnisse und Resultate sind unwichtig. Somit ist ein Karma-Yogi ein Künstler im wahrsten Sinne des Wortes.

Der Gita zufolge ist Karma-Yoga die Grundlage unserer Spiritualität. In der Spiritualität der Gita gibt es kein Dogma, keine Kirche, keine Moschee, keinen Tempel, kein heiliges Buch. Es gibt keine Trennung zwischen dem spirituellen Sein und dem aktiven Handeln in der Welt. Es gibt keine Trennung zwischen Gott und der Welt. Im Karma-Yoga wird die Kluft zwischen der äußeren und der inneren Welt überwunden. Die innere Landschaft der Liebe und die äußere Landschaft der Natur sind eins. Ohne das Innere gibt es kein Äußeres. Wände bilden den Raum; wenn es keine Wände gibt, gibt es keinen Raum. Der Tempel mag uns an das Heilige erinnern, er mag uns bei unserer Suche nach einem spirituellen Weg helfen, aber er ist nicht der Ort, an dem Spiritualität wohnt; Spiritualität wohnt in unseren Herzen. Die Gita stellt die Vorstellung in Frage, dass das Leben in einem Mönchsorden reiner ist als das Leben in der Welt. Wenn unser Herz rein ist und unsere Absichten gut, dann können wir glücklich und einfach in der Welt leben. Das war der Grund, warum ich mich gedrängt fühlte, den Mönchsorden zu verlassen und in der Welt zu leben und Spiritualität im Alltag zu praktizieren.

Während die Gita die Philosophie und die Vision vertrat, dass alle Handlungen, die mit rechter Absicht und ohne Anhaftung ausgeführt werden, den Yoga des Handelns ausmachen, argumentierten die Jains, dass die rechte Absicht nicht ausreicht. Der Yoga des Handelns muss immer gewaltfrei sein. Eine gewalttätige Handlung, auch wenn sie mit der rechten Absicht ausgeführt wird, ist kein Yoga.

Damals wurden in den hinduistischen Tempeln Indiens rituelle Tieropfer dargebracht. Die Absicht dahinter war, dass die Menschen kein Tier töten sollten, es sei denn, es diente der Ernährung, und wenn sie wirklich ein Tier zur Ernährung töten mussten, sollten sie es zuerst den Göttern opfern. Es war zur Gewohnheit geworden, ein Tier zum Schlachten in den Tempel zu bringen, den Göttern ein Opfer zu bringen und dann zu schlemmen. Das Argument war, dass das Töten von Tieren akzeptabel wurde, wenn man den Göttern mit reiner Absicht ein Opfer brachte. Auf dieselbe Weise sagte die Gita, dass ein mit reiner Absicht geführter Krieg gerechtfertigt sei. Der Jain-Lehrer Mahavir entgegnete, die Reinheit der Absicht sei nicht genug. Auch die Handlung an sich muss rein und gewaltfrei sein. Edle Ziele sollten immer mit edlen

Mitteln verwirklicht werden. Deshalb ist die in der Gita verwendete Metapher des Krieges für Jains nicht akzeptabel. So wurde Mahavir zu einem Kämpfer für das Mitgefühl mit Tieren und allen Lebewesen. Auf diese Weise fügte er dem Ideal des Karma-Yoga eine neue Dimension hinzu.

Mahavir befürwortete einen reformierten Karma-Yoga. Ja, verzichte auf das Verlangen nach den Früchten deines Handelns, verzichte aber auch auf jede Spur von Gewalt in deinem Handeln. Er meinte, dass alle Menschen Vegetarier sein sollten. Obwohl die Hindus bestimmte Tiere als heilig betrachteten, etwa Kühe, Stiere, Affen, Pfauen und Schwäne, erlaubten sie sich das rituelle Töten anderer Tiere auf einem Altar im Tempel. Mahavir lobte sie für ihr Konzept der heiligen Kuh, forderte sie aber auf, diesen Sinn für das Heilige auf alle Lebewesen auszudehnen. Für Mahavir ist die Praxis der Gewaltlosigkeit die wesentliche Eigenschaft eines Karma-Yogis. Dazu gehört die Gewaltlosigkeit des Geistes. Die Menschen sollten negative, gewalttätige, bösartige oder schädliche Gedanken meiden. Auch das Sprechen sollte gewaltfrei sein. Wenn wir sprechen, sollten wir freundliche Worte verwenden. Wenn wir eine schwierige Wahrheit aussprechen müssen, sollten wir sie sanft aussprechen, und wenn wir die Wahrheit nicht sanft aussprechen können, sollten wir schweigen und warten, bis wir gelernt haben, die Wahrheit sanft und gewaltfrei auszusprechen.

Mahavir begründete eine Tradition des Pazifismus, und die Jains waren die ersten Pazifisten Indiens. Vor 1.600 Jahren kamen einige Jain-Mönche in das Dorf Os, in dem meine Vorfahren lebten. Sie predigten die Praxis der völligen Gewaltlosigkeit. Die Dorfbewohner, einschließlich meiner Vorfahren, waren so inspiriert, dass sie beschlossen, Jains zu werden. Einige von ihnen waren Soldaten des Königs. Sie mussten den König um Erlaubnis bitten, Pazifisten zu werden. Diese Jains geben ein Beispiel für die Verweigerung aus Gewissensgründen. Der König erlaubte ihnen, von der Kriegerkaste in die Händlerkaste zu wechseln. Die Doktrin der Jains stand in völligem Gegensatz zur Doktrin der Gita. Für Jains gibt es keinen gerechten Krieg. Es gibt für Krieg keinen Platz, nicht einmal als Metapher.

Jains praktizieren Gewaltlosigkeit gegenüber Menschen, aber auch Gewaltlosigkeit gegenüber der Natur. Sie fällen keine Bäume. Sie graben den Boden nicht um, und sie bauen kein Wurzelgemüse wie Kartoffeln, Zwiebeln, Knoblauch, Karotten oder Rote Beete an und essen es auch nicht, denn wenn sie die Wurzeln ernten, würden sie den Boden aufreißen. Daher nehmen sie nur den Teil der Ernte, der sich oberhalb des Bodens befindet. Jains ziehen es vor, Fruktarier zu sein oder Gemüse zu essen, das die Frucht der Pflanze ist, wie Bohnen und Erbsen. Wenn Hülsenfrüchte und Getreide geerntet werden, bleiben die Wurzeln im Boden, und wenn sie dann auf natürliche Weise absterben, werden sie Teil des Bodens. Einfach zu leben, bedeutet für die Jains also, gewaltfrei und genügsam zu leben.

Mahatma Gandhi führte die Philosophie des Karma-Yoga noch weiter. Er verkörperte sowohl die hinduistische als auch die jainistische Tradition. Sein Vater war ein Hindu, seine Mutter eine Jain. Der Mahatma führte den sozialen, politischen und wirtschaftlichen Karma-Yoga ein. Er vertrat die Ansicht, dass die moderne Wirtschaft, das Fabriksystem, die Industrialisierung, die Massenproduktion und die Mechanisierung, die Zerstörung des Handwerks und der Kunst, allesamt Gewalt sind. Wenn die Menschen Dinge mit ihren Händen herstellen, wird nur ein Minimum an Transportmitteln benötigt, ein Minimum an fossilen Brennstoffen und anderen natürlichen Ressourcen verbraucht, und dies führt zu einer einfacheren, eleganteren und gewaltfreien Lebensweise.

In ähnlicher Weise ist eine zentralisierte und militarisierte große Regierung auch eine Form der Gewalt, weil sie den einfachen Menschen die Macht nimmt. Gandhis Karma-Yoga befürwortet Politik in menschlichem Maßstab und mit dezentraler Macht. Für ihn war das Kleine immer schön. So stellt Gandhi eine Synthese her: aus dem hinduistischen Ideal des Handelns und der hinduistischen Lebenskunst, die die Loslösung von ziel- und ergebnisorientierten

Aktivitäten beinhaltet, sowie den jainistischen Werten der Gewaltlosigkeit im Denken, Reden und Handeln. Aufbauend auf diesen beiden spirituellen Traditionen entwickelte Gandhi ein neues System des Karma-Yoga, das rechtes Handeln sowohl im politischen und wirtschaftlichen als auch im persönlichen Bereich beinhaltet.

Gandhis Karma-Yoga stimmte mit den Jains überein, dass edle Ziele mit edlen Mitteln verfolgt werden müssen. Es sollte keinen Widerspruch zwischen Zielen und Mitteln geben. Reinheit der Absicht und Reinheit des Handelns gehen Hand in Hand. Das Ideale und das Pragmatische müssen deckungsgleich sein. Das bedeutet, mit der richtigen Motivation, mit gewaltfreien Mitteln und im Dienst der Menschheit und der Erde zu handeln. Ein Karma-Yogi muss Handlungen vermeiden, die dem sozialen Zusammenhalt und der natürlichen Harmonie schaden.

Diese drei Aspekte des Karma-Yoga bilden zusammengenommen die ideale Grundlage für elegante Einfachheit.

Das Konzept und die Praxis des Karma-Yoga scheinen jedoch idealistisch und für uns unerreichbar zu sein. Wir sind durch und durch darauf konditioniert, auf Ziele hinzuarbeiten. Wo können wir anfangen, uns zu dekonditionieren? Wie können wir eine Gesellschaft von Künstlern und Karma-Yogis schaffen? Wie können wir den Prozess der eleganten Einfachheit einleiten? Meiner Meinung nach müssen wir ganz am Anfang beginnen, in der Kindheit und in den Schulen. Wenden wir uns also im nächsten Kapitel den Fragen der Erziehung und des Lernens zu.

Es gibt keine Größe, wo es keine Einfachheit gibt.

Leo Tolstoi

7

Lernen und Leben

Bildung ist
keine Vorbereitung
auf das Leben,
Bildung ist
das Leben selbst.

John Dewey

Einfachheit muss ganz am Anfang stehen. Sie muss in der Kindheit beginnen. Ein Kind ist wie ein Samenkorn. Unter den richtigen Bedingungen hat das Samenkorn das Potential, zu dem zu werden, was in ihm steckt. Aus einer Eichel wird eine Eiche, aus einem Apfelkern wird ein Apfelbaum. Die Arbeit eines Gärtners, eines Försters oder eines Landwirts besteht nicht darin, eine Eiche in eine Esche oder einen Apfel in eine Birne zu verwandeln. Wenn ein Kind in die Schule kommt, müssen die Lehrer die Eigenschaften des Kindes verstehen: »Ist dieses Kind ein Apfel oder eine Birne?«

Doch leider achten die Lehrer in den heutigen Schulen nur selten auf die Qualitäten des Kindes. Von Kindern wird verlangt, dass sie in das Wirtschaftssystem passen. Die Kinder müssen das werden, was die Wirtschaft braucht. Die Regierung sagt: »Wir brauchen Ingenieure, Banker, Wirtschaftswissenschaftler, Buchhalter, Ärzte.« Die Schulen bilden die Kinder so aus, dass sie den Anforderungen des Marktes gerecht werden, sie bereiten sie darauf vor, gute Jobs zu bekommen, erfolgreich zu werden und so viel wie möglich zu verdienen, damit sie so viele materielle Dinge und Besitztümer wie möglich anhäufen können. In einem idealen und angemessenen Bildungssystem würden die Kinder jedoch nicht für die Wirtschaft gemacht, sondern die Wirtschaft würde für das Kind gemacht sein. Außerdem sollten die Kinder auf ein erfülltes und glückliches Leben vorbereitet werden.

Da mir das moderne Bildungsmodell nicht gefiel, gründete ich in Hartland, North Devon, eine Schule. 1982 waren meine beiden Kinder in dem Alter, in dem sie eine weiterführende Schule besuchen konnten, und die wäre in einer 15 Kilometer entfernten Stadt gewesen. Sie hätten morgens eine Stunde und abends eine Stunde mit dem Bus fahren müssen – jeden Tag. Das Leben eines Pendlers im Alter von elf Jahren! Ich wollte nicht, dass meine Kinder diese Fahrten auf sich nehmen müssen. Meine Frau und ich sind aus der Stadt in ein Dorf gezogen, weil wir in einer ländlichen Gemeinde leben wollten, und wir wollten, dass unsere Kinder in einer ländlichen Umgebung aufwachsen. Wir wollten, dass sie von der Natur lernen, von den Wäldern, von Pflanzen und Tieren. Wir wollten, dass sie etwas über das Leben von Bauern und Bauarbeitern, Malern und Dichtern erfahren. Wenn sie jeden Morgen um acht Uhr aus unserer ländlichen Gemeinde in eine weit entfernte Stadt fahren und abends erschöpft zurückkommen müssten, könnten sie kein Verständnis für oder eine Beziehung zu ihrer Gemeinde entwickeln. Nach der Oberschule würden sie eine Universität besuchen, um sich für die Wirtschaft nützlich zu machen. Dann würden sie sich einen gut bezahlten Job irgendwo in London, Paris, New York oder Neu-Delhi suchen. So würden unsere Kinder, wie andere junge Menschen auch, ihrem Dorf entfremdet und aus ihrer Gemeinschaft entwurzelt werden.

Wir wollten nicht, dass unsere Kinder außerhalb unserer Gemeinschaft unterrichtet werden. Also habe ich eine Dorfversammlung einberufen. Zu meiner Freude kamen etwa 30 Leute. Nach einer kurzen Vorbesprechung fragte ich sie: »Was halten Sie davon, unsere Kinder mit dem Bus in die Stadt zur Schule zu schicken?« Die Eltern antworteten: »Manche Kinder rauchen im Bus. Manche von ihnen werden schikaniert. Es gibt keine Aufsicht. Wir brauchen eine Schule in unserem Dorf.«

Nach einer einstündigen Diskussion sagten die Eltern von neun Kindern: »Wenn Sie in Hartland eine Schule gründen, werden wir unsere Kinder dorthin schicken.« Nach britischem Recht kann eine Schule mit nur fünf Kindern anerkannt und registriert werden – und wir hatten neun! Also gründeten wir *The Small School.*

Gleich am ersten Tag, als neun Kinder und ihre Eltern in die Schule kamen, fragten wir: »Was wird unsere Schule anders machen als andere Schulen?« Die Antwort lautete: »Die meisten Kinder werden zu Fuß zur Schule gehen. Die Küche wird ein Klassenzimmer sein. Jeden Tag werden die Kinder beim Kochen mithelfen. Zum Mittagessen wird es echtes, frisches Essen geben. Sie werden jeden Tag frisches Brot backen. Es wird einen Garten geben, in dem die Kinder lernen, Gemüse, Kräuter und Blumen anzubauen. Warum haben Schulen Fußball- und Cricketfelder, aber keine Gärten? Jede Schule sollte einen Garten und eine Küche haben.«

In vielen Schulen im Vereinigten Königreich wird das Essen kilometerweit entfernt zubereitet und dann zur Schule gefahren. Warum eigentlich? Alle Kinder sollten lernen, gesundes und nahrhaftes Essen zu kochen. Sie sollten die Geschichte der Lebensmittel, die Chemie und die Mathematik der Lebensmittel kennenlernen. Wir sagten: »Wir werden nicht nur Shakespeare, Darwin, Newton und Galileo unterrichten, sondern neben Mathematik, Naturwissenschaften und Englisch auch Kochen, Gärtnern, Bauen, Nähen, Flicken, Holzarbeiten, Fotografie und Musik.« Das war unser Lehrplan. Unsere Schule sollte keine Prüfungsfabrik sein, sondern ein Ort der Selbstentdeckung.

Natürlich hatten wir diese Ideen über einen Zeitraum von einigen Monaten entwickelt, in denen die Eltern, Lehrer und potentiellen Schüler selbst an den Diskussionen beteiligt waren. Als ich diese Ideen vorstellte, waren alle froh, sie zu hören.

Wir alle sind für Wissen, aber es sollte durch Erfahrung ergänzt werden. Physik, Chemie, Mathematik, Evolutionstheorie, Philosophie, Psychologie, Theologie – das sind nur Worte. Echtes Wissen findet sich jenseits von Worten; jenseits von Theorien und Konzepten. Echtes Verständnis kommt aus der Erfahrung.

Unsere Schule würde also Wissen mit gelebter Erfahrung verbinden. Der Lehrplan der *Kleinen Schule* umfasste Kunst, Handwerk, Geschichten und Mythen ebenso wie Wissenschaft und Mathematik.

Die *Kleine Schule* bestand 36 Jahre als Ganztagsschule, doch jetzt wurde in der Gegend eine neue staatlich finanzierte Schule eröffnet, die einige derselben Ideale wie die Kleine Schule befolgt. Eltern können ihre Kinder nun dorthin schicken, ohne dass sie Gebühren zahlen müssen. Wir werden jedoch die bestehenden Gebäude der Kleinen Schule weiterhin für Kurse am Abend, an den Wochenenden und in den Ferien nutzen.

Nachdem die Kleine Schule bereits einige Jahre lief, sagten die Leute: »Warum gründet ihr nicht etwas Ähnliches für Erwachsene?« So ist das Schumacher College entstanden.

Als ich 1990 davon träumte, das Schumacher College in Dartington in Devon zu gründen, sagten die Leute: »Deine Vision ist zu idealistisch. Wer wird schon kommen, um etwas über Ökologie oder Spiritualität oder Kunsthandwerk oder ganzheitliche Philosophie zu lernen und dafür zu bezahlen?« Viele dachten, das Schumacher College würde nach zwei oder drei Jahren wieder geschlossen werden. Es ist ermutigend und eine große Freude, zu sehen, dass das Kolleg nach 28 Jahren immer noch blüht und gedeiht.

Der Grund für das Schumacher College war und ist sehr einfach. Durch das herkömmliche Bildungssystem wird die moderne Konsumgesellschaft gefördert und unterstützt. Die Universitäten sind das Rückgrat des militärisch-industriellen Komplexes. Junge Menschen werden darauf konditioniert, auf ökonomische und materialistische Weise zu denken. Den jungen Menschen wird beigebracht, zu glauben, dass die Natur dazu da sei, dass wir sie erobern und dann nutzen und ausbeuten, um unseren hohen Lebensstandard zu halten. Wir werden dazu erzogen, zu denken, dass der Mensch die überlegene Spezies ist und mit der Natur machen kann, was er will. Wenn die Studenten aus den Universitäten kommen, beuten sie die Natur und andere Menschen oft aus, um ihr Leben reich, bequem und erfolgreich zu gestalten. In diesem modernen materialistischen Zeitalter verschmelzen soziale Ungerechtigkeit und ökologische Ungerechtigkeit.

Das mussten wir in Frage stellen. Wir hätten das auf viele Arten tun können. Wir hätten darüber sprechen und Bücher darüber schreiben können. Aber das wäre nicht genug gewesen. Wir mussten etwas in Gang setzen, das zeigte, dass ein anderer Weg, ein besserer Weg, möglich war. Wir müssen die jungen Menschen nicht darauf konditionieren, den Menschen oder die Natur auszubeuten. Wir müssen ihnen beibringen, dass wir Natur *sind*. Wir müssen in Harmonie mit der Natur leben. Das Schumacher College wurde gegründet, um genau das zu tun. Es ist nicht nur ein Ort, an dem Ökologie gelehrt wird, sondern auch ein Ort, an dem die Schüler eine ökologische Lebensweise erleben und leben können.

An den meisten Universitäten wird das Wort *Ökologie* sehr eng definiert. Es ist das Studium eines bestimmten Organismus im Verhältnis zu seiner Umwelt. Am Schumacher College wird der Begriff weiter gefasst. Das Wort *Öko* bedeutet »Zuhause« – sowohl das Zuhause unseres Planeten als auch unser persönliches Zuhause. Das Schumacher College ist also nicht nur ein Ort, an dem man Ökologie im weitesten Sinne lernen kann, sondern es ist auch ein Zuhause. Das ist das Konzept des Schumacher College. Wir folgen dem gandhianischen Motto: »Sei die Veränderung, die du in der Welt sehen willst.« Die Menschen, die in das College kommen, fühlen sich wie zu Hause. Sie kochen, sie gärtnern, sie putzen ihre Zimmer. Wenn man in eine normale Universität geht, hat man eine Tafel an der Wand, einen Computerbildschirm auf dem Schreibtisch und einen Lehrer, von dem man unterrichtet wird. Dann geht man zurück in seine Wohnung oder sein Studentenwohnheim und lebt dort. Es gibt keine Verbindung zwischen Lernen und Wohnen. Leben und Lernen sollten jedoch untrennbar miteinander verbunden sein. Theorie und Praxis sollten miteinander verschmelzen. Dies ist die Vision einer ganzheitlichen Bildung. Es ist ein Prozess des Lernens durch Handeln.

Das Schumacher College ist sowohl eine Gemeinschaft als auch ein Zuhause. Wir bemühen uns, in Harmonie mit der Natur, mit den Menschen und mit unserer Umgebung zu leben. Wir lernen, einander zu respektieren, einander zu helfen und uns gegenseitig zu unterstützen. So versuchen wir, die Idee des Planeten als Heimat und der Erdgemeinschaft auf eine Mikroebene zu übertragen.

An unserer Hochschule lernen die Studenten ganzheitliche Wissenschaft, ganzheitliche Wirtschaft und ganzheitliche Philosophie, und wie sie miteinander verbunden sind und ineinandergreifen. Die Ökologie ist mit der Anthropologie verbunden, die Anthropologie mit der Psychologie und die Psychologie mit Gartenbau und Landwirtschaft. Wenn Sie am College ein bestimmtes Fach studieren, tun Sie dies im Kontext eines größeren Bildes. Integriertes Lernen und Leben ist also das Wesen des Schumacher College. Hier werden die Studenten verwandelt, weil sie die Erfahrung eines ganzheitlichen Lebens gemacht haben, das Studium, Arbeit, Kontemplation und kreative Aktivitäten umfasst. Nachdem sie sich verändert haben, gehen sie in die Welt hinaus und finden einen Weg, die Welt zu verändern.

Wenn diese Studenten das College verlassen, fordere ich sie auf, nicht nach Arbeit zu suchen, sondern sich ihren Lebensunterhalt zu verdienen. Viele unserer Studenten haben daher ihre eigenen Unternehmen gegründet, etwa Buchhandlungen, Vollwertrestaurants, Naturläden, Gärtnereien und Schreibwerkstätten. Einige haben für die Vereinten Nationen im Rahmen ihres Programms zum Klimawandel gearbeitet, und andere haben Umwelt-NGOs wie das Carbon Disclosure Project gegründet. Einige haben sich Umweltorganisationen wie Friends of the Earth oder Greenpeace oder Hilfsorganisationen wie Oxfam angeschlossen. Auf die eine oder andere Weise arbeiten viele als Agenten des Wandels. Sie helfen der Welt, ein besserer Ort zu werden, ein Ort, an dem jeder versucht, die Ausbeutung von Mensch und Natur zu minimieren und Spiritualität, Nachhaltigkeit und Einfachheit zu maximieren. Sie lernen, leicht zu leben, mit weniger auszukommen und ihren Fußabdruck in Hinblick auf die Ressourcen des Planeten so klein wie möglich zu halten.

Das Lernen an der Hochschule zeichnet sich dadurch aus, dass Lehrende und Studierende partnerschaftlich zusammenarbeiten.

Die Schüler konsumieren kein Wissen, sondern Lehrer und Schüler erforschen und entwickeln sich gemeinsam. Sie sind Partner beim Lernen. Es ist eine gemeinsame Reise. Die Schüler sind dort, um sich selbst zu entdecken, ihren Platz auf diesem Planeten Erde und den Sinn ihres Hierseins. Es geht um Wissen von innen nach außen, nicht von außen nach innen. Die Lehrer sind dazu da, die Schüler zu inspirieren, ihr inneres Licht zu entzünden.

Die Natur ist unser Lehrer, ebenso wie James Lovelock, Stephan Harding, Vandana Shiva oder andere Gastdozenten. Mindestens einmal in der Woche fahren die Schüler nach Dartmoor, ans Meer oder in den Wald, um zu lernen und die Natur zu erleben. Im Laufe der 28 Jahre haben Tausende von Schülern das College besucht. Auf der Liste der Ehemaligen stehen 17.000. Sie lernen, verändern sich und werden zu Akteuren des Wandels. Sie genießen und feiern das Lernen.

Das Schumacher College, benannt nach dem Verfasser des Buches *Small Is Beautiful*, muss klein bleiben. Aber in anderen Ländern entstehen immer mehr Zentren nach dem Vorbild des Schumacher College. Sie müssen nicht Schumacher College heißen. Es handelt sich nicht um ein Franchise-Unternehmen. Die Menschen ergreifen die Initiative, basierend auf der Kultur und dem Ethos ihres eigenen Landes. Wie auch immer der Name sein mag, solange diese Initiativen ganzheitlich sind und die Menschen lernen, ihrer Gemeinschaft, ihrer Gesellschaft und der Erde zu dienen, dann ist es ein Schumacher College. Solche neuen Bildungszentren entstehen überall auf der Welt und bilden informelle Netzwerke zur gegenseitigen Unterstützung.

Ich sage den Schumacher-Studenten oft: »Geht selbstbewusst in die Welt hinaus, sucht nicht nach einem Job, sondern schafft euch euren eigenen Job, schafft euch einen Lebensunterhalt. Lebt wie ein Künstler, wie ein Karma-Yogi.« Es gibt einen Unterschied zwischen einem Job und einem Lebensunterhalt. Ein Job ist etwas, das wir für Geld tun, ob wir es mögen oder nicht. Lebensunterhalt bedeutet, dass wir etwas tun, was wir wirklich tun wollen, und dass wir dabei Erfüllung finden. Dass wir dafür bezahlt werden, ist ein Nebenprodukt. Natürlich brauchen wir Geld, aber wir arbeiten nicht für Geld.

Ich möchte, dass die Studenten in die Welt hinausgehen und für etwas Größeres arbeiten: mit Phantasie und im Dienst der Erde sowie für die Werte und Ideale, die ihnen am Herzen liegen. Sie müssen ihren Beruf und ihre Berufung zusammenbringen. Im Moment haben viele Menschen eine Berufung für ihre Wochenenden, wenn sie Gedichte schreiben oder malen oder gärtnern. Sie tun etwas, das ihnen Spaß macht, aber unter der Woche schuften sie in einem Beruf. Ihre Arbeit ist etwas, mit dem sie Geld verdienen. Ich möchte, dass diese Trennung von Beruf und Berufung überwunden wird. Die Studenten müssen tun, was ihre Berufung ist, *und sie müssen* es professionell tun. Indem sie beides kombinieren, verwandeln sie ihre Arbeit in einen richtigen Lebensunterhalt.

Am Schumacher College leben 30 bis 40 Studenten mit ganz unterschiedlichen Temperamenten, Nationalitäten und Religionen zusammen. Im Laufe der Jahre sind sie aus Brasilien und Japan, China und Chile, Mexiko und Malaysia, aus insgesamt 90 Ländern gekommen. Sie lernen, sich in Toleranz und Akzeptanz zu üben, großzügig miteinander umzugehen, unterschiedliche Sprachen und Kulturen wertzuschätzen. Sie lernen, mit Zuversicht und Liebe zu sprechen. Worte können verletzen oder heilen. So lernen sie die Kunst des Sprechens und die Kunst des Zuhörens. Am College lernen sie, eine liebevolle Sprache zu verwenden, die Vertrauen weckt. Die Schüler lernen auch die Kunst des Kochens, des Putzens, der Gartenarbeit und andere praktische Fertigkeiten.

Unsere Hände sind ein großes Geschenk. Mit unseren Händen kochen wir, gärtnern wir und schreiben wir. Die Hände sind unsere Werkzeuge der Verwandlung. Der Gebrauch unserer Hände verdient Respekt. Im Moment sind wir darauf konditioniert zu denken, dass die Arbeit mit den Händen etwas für die Ungebildeten ist, für jene, die keine Computerprogramme schreiben oder intellektuelle Arbeit leisten können. Wenn Sie Arbeiter,

Gärtner oder Landarbeiter sind, liegt Ihr Stundenlohn vielleicht bei zehn Dollar. Aber wenn Sie im Bankwesen, in der Verwaltung, in der Wirtschaft oder in einem derartigen Beruf arbeiten, können Sie Hunderte von Dollar pro Stunde bekommen. Auf diese Weise hat unsere Gesellschaft die Würde und den Wert der manuellen Arbeit herabgesetzt. Am Schumacher College wird die Wertschätzung der Handarbeit hochgehalten.

An der Hochschule legen wir Wert auf die Kultivierung des Herzens. Sich umeinander zu kümmern, Einfühlungsvermögen und Mitgefühl zu entwickeln, ist ein wesentlicher Bestandteil des Lernens. Wenn wir diese Qualitäten nicht entwickeln, wird unsere Ausbildung nicht vollständig sein. Wir sorgen für ein Gleichgewicht zwischen der Erziehung des Kopfes, des Herzens und der Hände. Dies erreichen wir, indem die Lehrkräfte mit gutem Beispiel vorangehen und die Lernenden inspirieren, indem sie ihnen die Bedeutung des Denkens, Fühlens und Machens vor Augen führen.

Echtes Lernen findet statt, wenn der Lernende sich von der Erfahrung berührt und bewegt fühlt, wenn das Gelernte für sein Leben nützlich und hilfreich ist, wenn er Fähigkeiten und Techniken erwirbt, die es ihm ermöglichen, sich auszudrücken und Teil seiner Gemeinschaft zu sein.

Lernen ist kein Wettlauf mit der Zeit. Es ist ein Entdeckungsprozess, der sich einstellt, wenn der Lernende sich einbringt und voll auf seine Erfahrungen einlässt. Dazu bedarf es einer entspannten Atmosphäre, in der der Lernende keinen Druck verspürt, in der er oder sie die Möglichkeit hat, in seinem eigenen Zeitmaß zu lernen, und in der die langsame und einfache Tätigkeit des Lernens gewürdigt wird. Beim Lernen geht es nicht darum, Prüfungen zu bestehen und gute Ergebnisse zu erzielen. Lernen ist ein Prozess der Selbstverwirklichung.

Wir müssen uns klarmachen, dass wahres Lernen nicht nur in den vier Wänden einer Schule, einer Universität oder eines Klassenzimmers stattfindet. Wir lernen im Leben die ganze Zeit; formale Bildung findet zusätzlich zu dem fortwährenden Lernen statt, das in jedem Moment geschieht. Irgendwie ist die Bedeutung des formalen Lernens übertrieben worden. Jesus Christus hatte weder einen Doktortitel in Theologie noch erwarb Buddha einen Master in Meditation. Formale Bildung hat ihren Platz, aber wir müssen sie an ihrem Platz belassen und dürfen nicht zulassen, dass sie unser Leben in einer Weise dominiert, dass man auf einen herabschaut, wenn er oder sie keine formale Bildung erhalten hat.

Die wahre Kunst des Lernens besteht darin, Neugierde zu kultivieren. Der Geist eines Lernenden ist der Geist eines Anfängers. Wir lernen von der Einheit des Lebens und an der Universität der Natur. Die Arbeit von David Orr und Fritjof Capra, die sich auf das Konzept der Umweltbildung konzentriert, ist ein inspirierendes Beispiel für transformatives Lernen. Sie stellen klar, dass die moderne Bildung die Menschen nicht mit wahrem Wissen über das Leben und die Natur ausstattet. Deshalb haben sie das *Ecoliteracy Institute* in Berkeley, Kalifornien, gegründet. Sie stellen fest, dass wir in einer städtischen Zivilisation leben. Eine wachsende Zahl von Menschen hat sich von der natürlichen Umwelt und der ländlichen Umgebung entfernt und lebt in Städten, umgeben von Autos und Betonbauten, abgeschnitten von der Natur. Deshalb werden die Menschen zu Öko-Analphabeten.

Umweltbildung entsteht, wenn wir in der Natur sind. Sie kann nicht durch Bücher oder das Fernsehen vermittelt werden. Wunderbare Natursendungen werden im Fernsehen gezeigt, aber sie können uns nicht umweltbewusst machen. Für eine ökologische Bildung müssen wir die Natur selbst erleben. Wenn wir zu einer angemessenen Beziehung zu unserem Planeten zurückfinden wollen, müssen wir ihn als unser Zuhause betrachten. *Öko* kommt vom griechischen Wort *oikos*, das so viel wie »Heimat« bedeutet. In der Weisheit der griechischen Philosophen hat *Oikos* oder *Heimat* viele Bedeutungen. Unser Zuhause ist der Ort, an dem wir leben: Unser Schlafzimmer, unser Badezimmer, unsere Küche und unser Garten sind unser Zuhause. Dann haben wir unser Dorf- oder Stadthaus, unser regionales Haus und unser nationales Haus. Letztendlich müssen wir aber unsere Definition erweitern und unser Verständnis vertiefen. Wir müssen an unser Zuhause auf dem Planeten, auf der Erde, denken. Unsere erste Heimat ist die Erde selbst. Das Wort *logos* bedeutet »Wissen«. Also bedeuten *Ökologie* oder *Ökoliteratur* Wissen um die Heimat.

Das Zuhause ist zudem ein Ort der Beziehungen. Zuhause ist der Ort, an dem wir mit unseren Eltern, Brüdern, Schwestern, Ehemännern, Ehefrauen, Freunden und Gästen leben. Das Wissen über das Zuhause kommt aus dem Verständnis der Beziehungen.

Ökonomie stammt von derselben Wurzel. *Nomos* bedeutet »Verwaltung«. Wirtschaft, Ökonomie, ist also die Verwaltung des Hauses. Wir müssen unser Zuhause kennen, bevor wir es verwalten können. Viele Menschen an den Universitäten studieren Wirtschaft, ohne sich mit Ökologie zu befassen. Das ist der Grund, warum es so viele Öko-Analphabeten gibt.

Ich war einmal eingeladen, an der *London School of Economics* (LSE) einen Vortrag zu halten. Ich fragte sie: »Wo ist Ihr Fachbereich für Ökologie?« Sie sagten: »Wir haben keinen.« Ich sagte: »Sie lehren Ihre Schüler Ökonomie, das heißt, wie man sein Haus verwaltet, ohne ihnen Ökologie beizubringen, das heißt, zu wissen, was ein Haus ausmacht? Wie will man sein Haus verwalten, wenn man es nicht kennt?«

Die Ökologie sollte vor der Ökonomie kommen, oder zumindest sollten Ökologie und Ökonomie auf einer Stufe stehen. Es ist wie das Gehen auf zwei Beinen. Wenn Sie nur auf einem Bein gehen – dem Bein der Ökonomie – wie lange können Sie dann laufen? Nach einer gewissen Zeit wird man müde. Und wenn man müde ist, fällt man um. Es ist nicht zu übersehen, dass die Volkswirtschaften auf der ganzen Welt eine Geschichte von einem Crash nach dem anderen sind.

Wir haben Wirtschaftskrisen, Umweltkrisen, globale Erwärmung, Bevölkerungsexplosion, Erschöpfung der Ressourcen. Warum haben wir diese Probleme? Weil wir auf einem Bein humpeln, dem Bein der Wirtschaft. Jetzt müssen wir uns hinsetzen, uns entspannen und uns darauf vorbereiten, auf beiden Beinen zu laufen. Wenn wir unser Haus kennen, werden wir es besser verwalten können. Wir werden die Grenzen unseres Hauses kennen. Wir werden lernen, einfach und im Rahmen unserer Möglichkeiten zu leben. Ich schlug vor, dass sie den Namen ihrer Universität ändern und sie LSEE nennen sollten, *London School of Ecology and Economics*. Aber diese Idee war ihnen zu radikal!

Den Ökonomen und Industriellen gebricht es an ökologischem Bewusstsein. Sie scheinen die Grenzen des Ökosystems nicht zu kennen. Sie leiten die Förderung von Öl, Mineralien und Rohstoffen, als gäbe es kein Morgen! Wenn sie ökologisch gebildet wären, wenn sie unseren Planeten kennen würden, dann wüssten sie, dass diese Ressourcen endlich sind. Wir können und sollten nicht unendlich viele Rohstoffe erwarten, die wir aus der endlichen Erde gewinnen. Ökologisch verständige Ökonomen wüssten, dass es natürliche Gesetze gibt, nach denen unsere Heimat, die Erde, funktioniert. Ein grundlegendes Naturgesetz, das die Ökonomen aufgrund ihres mangelnden Umweltbewusstseins ignoriert haben, ist, dass alle natürlichen Systeme zyklisch sind, während die moderne Wirtschaft linear verläuft. Wir bauen natürliche Ressourcen ab, nutzen sie und werfen sie dann als Abfall weg. Aber in der Natur gibt es keine Verschwendung. Die Natur bewegt sich in Zyklen. Die Jahreszeiten bewegen sich in Zyklen, die Erde selbst bewegt sich in einem Zyklus, alles in der Natur ist zyklisch.

Wenn wir Ökokompetenz haben, wissen wir, dass sich alles in Zyklen bewegt und folglich alles wiederverwertet werden muss. Es sollte keinen Abfall geben! Abfall ist ein Verbrechen gegen die Natur. Was auch immer an natürlichem Material auf den Boden fällt, wird von der Erde aufgenommen und in Erde verwandelt. Im Herbst fallen Blätter und Früchte ab und werden wieder Teil der Erde, Nahrung für den Boden und Nahrung für Regenwürmer. Der Boden speichert Kohlenstoff im Boden. Der Boden bindet, absorbiert und speichert Kohlenstoff, um das Leben zu bereichern. Dieser Kohlenstoff ernährt die Wurzeln, den Stamm und die Äste eines Baumes. Im Frühjahr steigt der Saft wieder empor, und er blüht und fruchtet erneut.

Durch dieses zyklische System werden die Blätter, die auf den Boden gefallen sind, als neue Blätter reinkarniert. Wenn Sie nicht an Reinkarnation glauben, dann glauben Sie auch nicht an die Gesetze der Natur. Die Blätter eines Baumes sterben jedes Jahr, und nach dem Tod erstehen sie im Frühjahr wieder auf. Jedes Jahr werden neue Blätter geboren. Das Leben ist ewig, der Geist stirbt nie. Durch zyklische Systeme erneuert sich die Natur immer wieder. Der Körper eines Baumes wird recycelt, der Baum wird als Samen wiedergeboren und der Samen als Baum. Das ist das Gesetz der Natur. Dieses Phänomen zu verstehen, ist Ökokompetenz.

Leider weisen die meisten Hochschulabsolventen keinerlei Ökokompetenz auf, weshalb sie, wenn sie in die Arbeitswelt gehen, nicht nur Abfall produzieren, sondern auch eine Wirtschaft schaffen, die der natürlichen Welt schadet und viele Umweltprobleme verursacht. Viele dieser Öko-Ignoranten, die für Regierungen, Unternehmen und die Industrie arbeiten, sind verantwortlich für Wasserverschmutzung, Luftverschmutzung, Bodenerosion, Ressourcenabbau und Klimazerrüttung.

Wissen für sich genommen ist gefährlich. Hochgebildete Wissenschaftler haben Atomwaffen erfunden und betreiben Gentechnik. Ungebildete Bauern stellen weder Atomwaffen her, noch produzieren sie gentechnisch verändertes Saatgut. Die meisten Probleme der Welt werden von hochgebildeten Menschen verursacht, die für ihre Arbeit Hunderttausende von Dollars erhalten. Infolgedessen ist die Erde jetzt in höchster Gefahr. Deshalb ist Ökokompetenz das Gebot der Stunde.

Jeder Schüler sollte sich mindestens einen Tag in der Woche Zeit nehmen, in der Natur zu sein und am Ufer eines Flusses oder unter einem Baum zu sitzen oder in den Bergen zu wandern und so von der Natur zu lernen. Die Natur selbst ist die beste Lehrerin. Wenn Universitätsstudenten umweltbewusst sein wollen, müssen sie das Buch der Natur lesen. Es ist das größte Buch, größer als die

Bibel, der Koran oder die Bhagavad Gita, größer als Shakespeare oder Darwin. Große Propheten und Schriftsteller lassen sich von der Natur inspirieren. In *Was ihr wollt* spricht Shakespeare von »Zungen in Bäumen, Büchern in fließenden Bächen, Predigten in Steinen und dem Guten in allem«.

In »Inversnaid« fragte sich Gerald Manley Hopkins:

> Was wäre die Welt, beraubt
> ihrer Nässe und Wildnis? Lasst sie,
> o lasst sie, Wildnis und Nässe,
> lang lebe das Unkraut und die Wildnis noch.

Und Wordsworth schrieb:

> Ich zog dahin einsam wie eine Wolke
> Die hoch über Tälern und Hügeln schwebt,
> Als ich auf einmal eine Menge sah,
> Ein Heer goldener Narzissen,
> Am See unter den Bäumen,
> Sich wiegend und tanzend in der Brise.

Wenn es keine Narzissen gäbe, gäbe es auch keinen Wordsworth. Er war ein ökoliterarischer Dichter par excellence.

Alle großen Werke der Kunst und Literatur stammen von Künstlern mit ökologischem Bewusstsein. Van Gogh saß vor Sonnenblumen und wurde ein Öko-Künstler. Wenn es keine Sonnenblumen gäbe, gäbe es auch keinen Van Gogh. Die Menschen schätzen selten echte Sonnenblumen, sie denken bei Van Gogh nur an den Marktwert seiner Gemälde, die für 40 Millionen Dollar oder mehr verkauft werden. Sie gehen in Museen, aber sie haben keine Zeit, vor einer lebendigen Sonnenblume zu sitzen und die Natur zu betrachten.

Monet legte einen Garten an, um Seerosen zu malen, damit er beim Malen die Natur aus nächster Nähe und in allen Einzelheiten sehen konnte. Monet beobachtete die Seerosen Stunde um Stunde und Tag um Tag. Kunst und Poesie sind Meditationen über die

Natur. Darwin studierte Regenwürmer, vertiefte sich in die Natur und entwickelte aus der genauen Beobachtung der Natur die Evolutionstheorie. Er glaubte, dass wir aus der Natur hervorgegangen sind und dass wir die Natur sind. Darwins Grundgedanke ist in Vergessenheit geraten und wird oft als »Überleben des Stärkeren« fehlinterpretiert. Heutzutage ist die Natur an vielen Universitäten auf ein akademisches Studienobjekt reduziert worden. Die alte Wissenschaft erzählt uns, die Natur sei mit Zähnen und Klauen bewehrt. Wissenschaftler wie Francis Bacon plädierten dafür, die Natur zu manipulieren und zu erobern und ihr ihre Geheimnisse zu entreißen, anstatt ihr zu vertrauen. Glücklicherweise ist die Welt der Wissenschaft aufgewacht, und die neue Wissenschaft sieht Mensch und Natur als Einheit. Wissenschaftler wie James Lovelock und Lynne Margulis, die die Gaia-Wissenschaft mitentwickelt haben, glauben, dass die Erde ein sich selbst regulierendes, wohlwollendes System ist und dass es in unserer Verantwortung liegt, zu lernen, in Harmonie mit der Erde zu leben, anstatt sie auszubeuten.

Im allgemeinen bilden die Universitäten ihre Studenten zu Fachleuten aus; sie haben den Blick für das große Ganze verloren. Universitätsabsolventen sind halbgebildet. Halbgebildet zu sein, ist schlimmer als ungebildet zu sein. Sie sind wie halbgebackenes Brot. Sie haben Buchwissen, aber sehr wenig Erfahrung mit der Natur, die die Quelle allen Lebens ist. Die Universitäten brauchen eine neue Pädagogik, die auf der Überzeugung beruht, dass wir über die Natur und von der Natur lernen müssen. Wir müssen demütig sein, wir müssen eine auf die Natur ausgerichtete Bildung und eine auf die Erde ausgerichtete Weltsicht schaffen.

Wir Menschen sind Natur. *Natur* bedeutet im Lateinischen »Geburt«. Kurz vor der Niederkunft wird die Mutter einer pränatalen Untersuchung unterzogen. *Natal* und *Natur* kommen von der gleichen Wurzel. Wir Menschen werden geboren, nicht wahr? Wie können wir meinen, dass die Natur nur da draußen ist oder dass Bäume, Vögel, Bienen, Früchte, Gras, Flüsse und Berge die Natur sind, wir Menschen aber nicht?

Erst trennen wir uns von der Natur, und dann meinen wir, der Mensch sei der Natur überlegen. Wir gehen davon aus, dass die Natur nur zum Nutzen des Menschen da ist. Ein Baum ist da, weil er für den Menschen nützlich ist. Der Baum ist gut, weil er uns 500 Dollar einbringt oder uns Früchte oder Sauerstoff liefert. Wir schätzen einen Baum nur im Hinblick auf seinen Nutzen für den Menschen. Das ist menschliche Überheblichkeit! Wegen dieser Hoffart denken wir, dass wir mit der Natur machen können, was wir wollen. Wir können Regenwälder abholzen, Flüsse verschmutzen, die Meere überfischen und das Land mit Agrochemikalien vergiften, weil wir die überlegene Spezies sind. Wir sind die herrschende Spezies. Progressive Gruppen bemühen sich, Nationalismus, Sexismus und Rassismus zu überwinden, aber wir leben im Bann des »Speziesismus«. Wir betrachten die Natur, als wäre sie unsere Untergebene, unsere Dienerin. Wir haben die Sklaverei überwunden, aber wir behandeln die Natur wie unseren Sklaven. Auch Tiere werden wie Sklaven behandelt. Wir stecken Tiere in die Massentierhaltung und fügen ihnen Grausamkeiten zu. Dies ist das Ergebnis unseres kollektiven menschlichen Egos, unserer egozentrischen Weltanschauung.

Wenn wir umweltbewusst sein wollen, müssen wir von einer egozentrischen zu einer ökozentrischen Weltsicht gelangen. Das Ego betrachtet die Natur als einen Besitz; wir sagen: *mein* Land, *meine* Bäume, *mein* Wald. Ich bin der Boss, und ich habe das Sagen. Das ist die egozentrische Weltanschauung. In der ökozentrischen Weltsicht gibt es keinen Besitz *der* Natur, sondern nur eine Beziehung *mit der* Natur. Wir sind alle miteinander verwandt, wir sind alle miteinander verbunden, und die ganze Erde ist unser Zuhause. Wir sind Mitglieder dieser einen Erdgemeinschaft, der einen Erdfamilie. Die Vögel am Himmel, die Rehe im Wald, die Schmetterlinge im Gebüsch, alle kleinen und großen Lebewesen sind unsere Brüder und Schwestern. Sie alle haben das gleiche Recht zu existieren wie die Menschen. Die Rechte der Natur sind genauso wichtig wie die Rechte der Menschen. Eigentlich brauchen wir gar keine

Menschenrechte, denn die Rechte der Natur schließen die Menschenrechte mit ein, denn wir sind alle Natur. Der Mensch hat das Recht zu leben, ebenso wie alle anderen Lebewesen.

Statt von *Menschenrechten* sollten wir von menschlicher *Verantwortung* sprechen. Die Natur hat Rechte, und die Menschen haben die Verantwortung, den Planeten Erde nicht zu zerstören, zu verschmutzen oder zu verunglimpfen. Das ist Ökokompetenz.

Um Ökokompetenz zu erlangen, müssen wir die eigentliche Bedeutung von Bildung verstehen. Es gibt die weitverbreitete Ansicht, ein Schüler oder Student sei ein leeres Gefäß und es sei die Aufgabe des Lehrers, dieses Gefäß mit so viel Sachwissen wie möglich zu füllen. Dies ist ein falsches Verständnis von Bildung. Das [englische] Wort für Bildung [education] kommt von dem lateinischen Wort educare, das [ebenso wie das deutsche Wort Bildung, Anm. d. Übers.] so viel bedeutet wie: etwas »hervorbringen«, was bereits vorhanden ist, das Schlummernde entfalten, nach außen bringen, was im Innern schon vorhanden ist.

Bäume sind ein gutes Beispiel. In der Natur wird aus einem Samen ein Baum, der blüht und den Menschen und anderen Lebewesen Früchte schenkt. Bäume spenden Sauerstoff, um das Leben zu erhalten. Mit anderen Worten: Bäume dienen der Erhaltung des Lebens, ohne den Wunsch nach Selbstverherrlichung. Besonders wenn die Bäume voller Früchte sind, beugen sie sich tief; sie zeigen Demut und Nachgiebigkeit. Wenn wir wirklich *gebildet* sind, müssen wir dem Leben dienen, die Gemeinschaft der Erde verbessern und menschliche Beziehungen aufrechterhalten.

Bäume reifen, indem sie Hitze und Kälte, Regen und Trockenheit durchleben. Kein Baum ist je von Stress verschont geblieben. Nur durch Stürme und Wirbelstürme können Bäume stark und widerstandsfähig werden. Wenn ein Baum im Komfort eines Gewächshauses gehalten und vor den Wetterverhältnissen geschützt wird, ist er nicht so widerstandsfähig und langlebig. Bäume müssen draußen auf den Feldern und in den Wäldern für sich selbst sorgen. Die Wildheit, in der Bäume überleben, ist die Quelle ihrer Stärke.

In den modernen Systemen der organisierten und institutionalisierten Bildung haben wir den Sinn für Wildnis verloren. Menschen, die in indigenen Kulturen aufwachsen, kennen die Kunst des Lebens. Sie benutzen ihre Hände und Beine ebenso wie ihren Kopf und ihr Herz. Sie wissen, wie man sich verbindet, wie man in Beziehung tritt, wie man wertschätzt, wie man feiert und wie man durchhält. Sie sind auf sich selbst angewiesen. Die heutige Erziehung bringt Menschen hervor, denen es an Eigenständigkeit und Selbstvertrauen gebricht, so dass sie weder widerstandsfähig und selbständig sind noch selbstlos zu dienen vermögen. Die moderne Bildung schafft Arbeitssuchende und Angestellte, und viele Arbeitsplätze bestehen nur noch darin, Maschinen zu bedienen oder Papiere umzuschichten. Selbst Bauern berühren kaum noch den Boden oder das Saatgut, sie ernten nicht mehr mit den Händen und melken keine Kühe mehr. Sie fahren meist riesige Traktoren und Mähdrescher. Immer mehr Bauernhöfe werden nicht von Landwirten, sondern von Robotern bewirtschaftet. Die Menschen sind nicht mehr die Herren ihrer Maschinen; die Maschinen sind die Herren der Menschen geworden. Maschinen haben menschliche Hände ersetzt, und im Zeitalter der Robotik stehen wir vor der Aussicht, dass Roboter den Menschen ganz und gar ersetzen werden. Die moderne Bildung ist nicht nur für Dequalifizierung verantwortlich, sondern auch für die Entmenschlichung des Menschen.

Damit wir Fakten mit Gefühlen zusammenbringen und von bloßer Information zu Wissen kommen, müssen wir ein Lernen durch Tun einführen: unseren Kopf, unser Herz und unsere Hände benutzen. Weisheit entsteht, wenn Wissen und Erfahrung zusammenkommen. Die Aufgabe der Bildung besteht nicht darin, immer mehr Konsumenten hervorzubringen, sondern den Menschen zu helfen, Macher und Schöpfer zu werden, indem sie ihre Intuition und Vorstellungskraft ebenso wie ihre Fähigkeiten und Techniken einsetzen.

Wir müssen allen Menschen die Möglichkeit bieten, handwerkliche Fertigkeiten wie Töpfern, Holzarbeiten, Weben, Ausbessern und Reparieren zu erlernen. Der Stellenwert des Töpferns und des Handwerks sollte dem der Naturwissenschaften, der Mathematik und der Literatur gleichgestellt werden. Dies ist der Weg des Lernens durch Tun, der von der *Kleinen Schule*, dem Schumacher College und dem Zentrum für Umweltbildung vorgelebt wird.

Es ist an der Zeit, die ursprüngliche Bedeutung von Bildung zurückzugewinnen; Bildung ist ein Prozess der Selbstentdeckung. Bei diesem Bildungsabenteuer müssen wir uns auf Ungewissheiten einlassen, auf Zweideutigkeiten, Schwierigkeiten und Nöte. Das bedeutet, dass wir bereit sein müssen, uns Problemen zu stellen, anstatt vor ihnen davonzulaufen. Nur wenn wir uns Problemen stellen, können wir unsere Vorstellungskraft nutzen, um sie zu lösen. In der Bequemlichkeit des Klassenzimmers können wir Informationen erhalten, im Luxus der Bibliotheken können wir Wissen erwerben, aber Erfahrungen können wir nur sammeln, wenn wir draußen im Sturm des Lebens und auf dem rauhen Terrain der Natur sind. Wenn wir einfach, sinnvoll, schöpferisch und phantasievoll leben wollen, dann müssen wir ein Erziehungssystem haben, das uns von der Idee des egozentrischen Individualismus, von der Vorstellung der Trennung vom »Anderen« und vom Konzept eines abgetrennten »Selbst« befreit. Das Herausbilden eleganter Einfachheit muss im Boden richtiger Beziehungen verwurzelt sein. Ich werde im nächsten Kapitel auf dieses Thema eingehen.

Der einfache Weg ist auch der richtige Weg.

Bruce Lee

8

Richtige Beziehungen: Wir sind alle miteinander verbunden

Beziehungen, die auf Verpflichtung beruhen, fehlt die Würde.

Wayne Dwyer

Elegante Einfachheit kann nur auf dem festen Fundament der richtigen Beziehungen errichtet werden. Unsere Krisen – seelische, persönliche, soziale, wirtschaftliche, ökologische, politische, kulturelle und religiöse – haben ihren Ursprung im Gefühl der Abgetrenntheit und Unverbundenheit. In dem Moment, in dem wir erkennen, dass alle Dinge miteinander verbunden sind, dass wir alle miteinander in Beziehung stehen, dass alles von allem anderen abhängt, beginnen wir, Lösungen zu sehen. Warum haben wir Krisen zwischen Palästina und Israel, zwischen Sunniten und Schiiten, zwischen Amerika und Russland, Indien und Pakistan, Christen und Muslimen? Weil wir uns selbst als getrennt von anderen sehen. Wenn alle unsere Interaktionen in Freundschaften und liebevolle Beziehungen eingebettet sind, dann werden wir aus einer Haltung der Geduld, Akzeptanz, Toleranz, Vergebung und Großzügigkeit heraus handeln.

Als ich 27 Jahre alt war, bin ich zweieinhalb Jahre lang zu Fuß um die halbe Welt gelaufen, wie ich in Kapitel zwei beschrieben habe. Ich bin 8.000 Meilen gelaufen, ohne Geld, völlig abhängig von der Gastfreundschaft der Menschen. Ich konnte dies tun, weil es in meinem Geist keine Trennung gab. Alle Wesen waren meine Familie und Freunde. Die ganze Erde war mein Zuhause.

Als mein Freund Menon und ich die Grenze von Indien nach Pakistan überquerten, sagte ich: »Wenn wir als Inder gehen, werden wir Pakistaner, Russen oder Amerikaner treffen. Wenn wir als Hindus gehen, werden wir auf Muslime, Christen, Buddhisten oder Juden treffen. Wenn wir als Gandhianer gehen, werden wir auf Kapitalisten, Kommunisten oder Sozialisten treffen. Doch das sind alles Etiketten, die uns spalten. Ich will nicht als Inder, als

Hindu, als Gandhianer gehen. Ich möchte einfach als Mensch gehen, und dann werde ich überall, wo ich hingehe, Menschen treffen. Ich werde mit allen Freundschaft schließen können.«

Unsere wahre Identität besteht darin, dass wir Mitglieder einer menschlichen Gemeinschaft sind, und darüber hinaus sind wir Teil einer Erdgemeinschaft. Bäume sind unsere Verwandten, Vögel, die am Himmel fliegen, Bienen und Wespen, Schmetterlinge und Schlangen, Tiger und Elefanten, sie alle sind unsere Verwandten.

Wir müssen verstehen, dass alle Arten miteinander verwandt sind, wir haben uns alle gemeinsam entwickelt. Die Sonne erwärmt den Boden, der Boden nährt die Bäume, die Bäume nähren die Vögel, der Regen nährt die Bäume. Alle Wesen nähren sich gegenseitig. Das ist Ökologie.

Dieses System kann nicht gemessen oder quantifiziert werden. Man spricht von Ökosystemleistungen. Sie wollen den natürlichen Ressourcen einen monetären Wert beimessen. Aber ich sage: »Sagen Sie mir, welchen Wert ich der Luft beimessen soll, die ich gerade eingeatmet habe?« Dieser kleine Atemzug – wie viel Wert kann man ihm beimessen? Können Ökosystemdienstleistungen diese Luft, die ich einatme, bewerten? Niemand kann der Luft, die wir atmen, einen Wert beimessen. Können wir sagen: »Meine Mutter füttert mich mit ihrer Milch. Wie viel kostet das? Fünf Dollar? Zehn Dollar?« Man kann die Milch einer Mutter nicht mit einem Preis versehen. Mit einem solchen Verständnis werden wir Beziehungen mehr schätzen als Geld.

Die richtige Art und Weise, die Wirtschaft zu führen, besteht darin, in unserer Heimat, auf der Erde richtige Beziehungen zu allen Arten zu haben. Gegenwärtig verstehen die Menschen die wahre Bedeutung der Ökonomie nicht. Wenn Schatzkanzler oder Finanzminister von Wirtschaft sprechen, meinen sie eigentlich Finanzen, Banken und Geld. Aber Geld ist nicht die Wirtschaft.

Wir sollten es »Geldonomie« nennen. Die wahre Wirtschaft ist Land, Arbeit und Kapital. Diese drei sind die Grundlage der Wirtschaft. Land repräsentiert die gesamte natürliche Welt. Alles kommt vom Land, und alles kehrt zum Land zurück. Eine kluge Bewirtschaftung des Landes – von Bäumen, Flüssen, Bergen, Wäldern, Böden, Tieren und Fischen – ist die Grundlage wahrer Wirtschaft. Aber die Regierung sagt: »Die Sorge für die Umwelt behindert die Wirtschaft.« In Wirklichkeit gibt es keine Wirtschaft ohne die Umwelt. Deshalb ist der Boden das erste Prinzip der Wirtschaft. Die Wirtschaft ist eine hundertprozentige Tochtergesellschaft der Umwelt. Daher ist unser richtiges Verhältnis zur Umwelt die Grundlage für eine gute Wirtschaft.

Das zweite Standbein der Wirtschaft ist die Arbeit, also die Menschen: ihre Phantasie, ihre Schöpferkraft und ihre Fertigkeiten. Die Menschen sind der wahre Reichtum. Sie sind es, die die Wirtschaft schaffen und erhalten. Daher sind richtige Beziehungen zu und zwischen Menschen für eine florierende Wirtschaft unerlässlich.

Der dritte Bereich ist das Finanzkapital. Geld ist ein Indikator für Reichtum. Es ist wie eine Landkarte, die nützlich ist, um das Gebiet zu finden; aber eine Karte ist nicht das Gebiet. Geld ist eine Karte des Reichtums, nicht der Reichtum selbst. Eine Million Pfund könnten die Kosten für den Bau eines Hauses sein. Aber das Geld ist nicht das Haus, und das Haus ist nicht das Geld. Wir können nicht in Geld leben, wir können nur in einem Haus leben.

Finanzkapital und Geld haben also ihren Platz in der Wirtschaft: als ein Mittel des Austauschs und der Erleichterung von Transaktionen, aber sie müssen an ihrem Platz bleiben, und wir dürfen nicht zulassen, dass sie unser gesamtes Wirtschaftssystem beherrschen. Die Geldwirtschaft hat Land und Arbeit in Waren verwandelt, und das Geldverdienen ist zum einzigen Zweck der modernen Wirtschaft geworden. Infolgedessen sind Land und Arbeit Opfer, ihr Wert schwindet. Was wir brauchen, ist ein System, das diese drei im Zusammenhang eines integrierten Ganzen auf einem angemessenen Niveau bewertet.

Diese drei Aspekte der Wirtschaft gehören zusammen. In unserem Körper haben wir ein Gehirn zum Denken, ein Herz zum

Fühlen, Augen zum Sehen, eine Nase zum Riechen, eine Zunge zum Schmecken, Ohren zum Hören. Wir haben keine Trennung. Alle unsere Organe und Fähigkeiten sind miteinander verbundene Teile eines einzigen Körpers. Der menschliche Körper ist ein Mikrokosmos des Makrokosmos. Das gesamte Universum ist in unserem Körper, wir sind Sternenstaub, wir bestehen aus Sonne, Mond, Erde, Luft, Feuer, Wasser, Bewusstsein, Raum, Zeit, Phantasie und Kreativität, alles in einem Körper und in ständiger Wechselwirkung. Aber im Bereich der Wirtschaft haben wir die Finanzen von der Ethik und die Umwelt von den Menschen getrennt. Diese Trennung ist das größte Problem unserer Zeit. Einzig verbinden ist die Lösung. Wir müssen alles wieder miteinander verbinden. Wenn wir in rechter Beziehung mit allen Menschen und auch mit der nicht-menschlichen Welt verbunden sind, dann sind wir in Harmonie mit uns selbst und mit dem gesamten Ökosystem in seiner Vielzahl und Vielfalt.

Vielfalt ist eine wesentliche Voraussetzung für gute Beziehungen. Deshalb ist Vielfalt etwas, das gefeiert werden sollte. Vielfalt sollte nicht in Spaltung münden. Spaltung bedeutet, zu sagen: Du bist links, ich bin rechts, und dann die eine Seite als der anderen überlegen zu betrachten. Ein linker und ein rechter Flügel gehören zu demselben Vogel. Warum glauben wir, dass wir den rechten oder den linken Flügel abschneiden sollten? Wir brauchen eine linke Hand und eine rechte Hand, beide sind gleichwertig. Wenn links und rechts in der richtigen Beziehung zueinander stehen, dann gibt es Vollständigkeit und Ganzheitlichkeit. Dann werden alle Krisen in Chancen verwandelt.

Das Haus der richtigen Beziehung ist auf dem Fundament der Freundschaft aufgebaut. Freundschaft ist die beste und reinste Form der Beziehung. Persönlich gesprochen ist meine gesamte Arbeit aus Freundschaften entstanden; die Zeitschrift *Resurgence & Ecologist*, die ich über 40 Jahre herausgegeben habe, ist ein Ergebnis von Freundschaft. Ich habe so viele gute Freunde, die Artikel,

Kunstwerke und Geld für die Zeitschrift beigesteuert haben. Die *Kleine Schule* und das Schumacher College sind aus Freundschaften entstanden.

Freundschaft ist das oberste Prinzip und das Brot und die Butter in meinem Leben. Nimm mir mein Essen weg, aber nicht die Freundschaft! Ich lebe von Freundschaft. Sie ist etwas höchst Spirituelles. Freundschaft ist bedingungslos – es gibt kein »Wenn und Aber«. Es gibt keinen Grund, warum jemand ein Freund ist. Ich sage nicht: »Ich bin dein Freund, weil du gebildet oder reich oder intelligent oder gutaussehend bist oder weil man mit dir gut reden kann.« Solche Dinge kommen mir nicht in den Sinn. Ich bin ein Freund, und ich habe einen Freund, weil ich ein Freund sein will. In der Freundschaft geht es um Akzeptanz ohne Erwartungen. Wir geben, und wir nehmen. Freundschaft ist in tiefer Dankbarkeit verwurzelt.

In der Freundschaft sagt man nur ja. Es gibt nur ein Ja. Wenn mich jemand aus Freundschaft um Hilfe bittet, sage ich immer ja. Und wenn ich jemanden aus Freundschaft um Hilfe bitte, sagen sie meiner Erfahrung nach auch immer ja.

Meine Freundschaft gilt nicht nur den Menschen. Ich empfinde auch Freundschaft für die Natur. Ich bin ein Freund meines Hauses und meines Gartens. Ich bin ein Freund der Bäume und Blumen. Ich bin ein Freund der Bienen. Ich bin ein Freund von Regenwürmern, Schnecken und Nacktschnecken. Unkraut ist mein Freund. Freundschaft ist ein Begriff, den die meisten Menschen für menschliche Beziehungen verwenden, aber ich verwende ihn in einem weiteren Sinne.

Meine Kinder sind meine Freunde. In Indien sagen wir, wenn deine Kinder 16 sind, sind sie nicht mehr deine Kinder; sie sind deine Freunde. »Freund« ist ein besserer Begriff als »Sohn« oder »Tochter«, denn mit Sohn und Tochter sind Erwartungen verbunden. Sie erwarten etwas von Ihren Kindern. Sie erwarten etwas von Ihnen als Eltern. Als Freunde erwarten Sie nichts. Man behandelt sie auf eine respektvolle Weise. So ist es auch mit meiner Frau.

Sie ist meine Freundin. Meine Beziehung zu ihr ist nicht besitzergreifend. Liebe befreit. In einer solchen Ehe gibt es keine Knechtschaft und keine Bindung. Auch hier ist es eine Beziehung, die in Akzeptanz und Freiheit von Erwartungen wurzelt.

Das Dorf, in dem ich lebe, ist mein Freund. Ich akzeptiere es, wie es ist. Ich verurteile es nicht. Ich liebe mein Dorf. Ich liebe seine Menschen, seine Täler und Bäume. Ich liebe die Landschaft. Ich lebe in der Nähe des Atlantiks. Der Ozean ist mein Freund. Die ganze Erde ist mein Freund. Die ganze Welt ist mein Freund. Was auch immer ich in meinem Leben, in meiner Gesellschaft und in der Welt verändern will, ich tue es aus einem Gefühl der Freundschaft heraus.

Mein Haus ist mein Freund. Denn nach einiger Zeit braucht mein Haus eine Erneuerung: Ich putze es, ich repariere es, ich streiche es. Und mein Garten braucht manchmal ebenfalls eine Erneuerung. Also jäte ich Unkraut, bringe Kompost in den Boden oder lasse das Land sogar ein Jahr lang brach liegen. Wenn mein Körper Erneuerung und Heilung braucht, mache ich langsam und lege eine Pause ein. Die Welt ist schön, aber auch die Gesellschaftspolitik und die Wirtschaft brauchen Erneuerung. Also arbeite ich daran, auch dort für Erneuerung zu sorgen. Ich beteilige mich an dem Prozess der Transformation. Ich sage der Gesellschaft: »Mach eine Siesta, mach langsam, arbeite nicht zu schnell oder zu hart.« Das alles geschieht aus Freundschaft. Der Buddha sagte: »Wenn man zu schnell oder zu energisch arbeitet, verfehlt man den Weg.«

Meine Arbeit in der *Kleinen Schule* war ein Akt der Freundschaft mit den Kindern. Meine Arbeit für die Zeitschrift *Resurgence & Ecologist* steht im Dienst meiner Leserschaft. Am Schumacher College arbeite ich, um Ökologie und Spiritualität in der Welt zu fördern. Meine Arbeit ist die eines freundlichen Heilers.

Daher würde ich den führenden Politikern in Europa aus Freundschaft raten: »Schaut auf Herrn Putin und seht ihn als Freund, dann werden sich eure Konflikte auflösen.« Zu Herrn Putin würde ich sagen: »Behandeln Sie alle Ukrainer als Ihre Freunde.

Sie sind ein Christ. Was hat Jesus gesagt? ›Liebe deinen Nächsten!‹« Zu Herrn Netanyahu würde ich sagen: »Sie führen seit 70 Jahren Krieg gegen die Palästinenser. Was haben Sie erreicht? Versuchen Sie es doch einmal mit Freundschaft mit Palästina, dann werden Sie sehen, was passiert. Durch Freundschaft werden alle Schmerzen geheilt.« Das würde ich den Palästinensern raten: »Die Juden sind seit 2.000 Jahren im Exil. Jetzt müssen sie nach Hause kommen. Heißt sie willkommen. Gemeinsam könnt ihr Palästina in ein Land verwandeln, in dem Milch und Honig fließen.« Der beste Weg, einen Freund zu haben, ist, ein Freund zu sein. Freundschaft ist die leichte und einfache Antwort auf all unsere Qualen, Ängste und Sorgen, auf all unsere Streitigkeiten, Konflikte und Kriege.

In der Freundschaft gibt es keine Erwartungen. Die Dinge laufen nie so, wie wir sie erwarten, und Erwartungen führen zu Enttäuschungen. Ich übe mich in Akzeptanz. Ich bin losgelöst und bleibe in Bewegung; ich stecke nicht fest, und es gibt keine Fesseln. Losgelöstheit bringt Freiheit. Wenn ich mich aus Freundschaft für die Transformation der Welt einsetze, dann setze ich mich für meine eigene Transformation ein, denn ich bin mein eigener Freund. Im kosmischen Sinn der Freundschaft erweitere ich mein Bewusstsein, ich sehe mein größeres Selbst, das universelle Selbst. In diesem Körper bin ich der Mikrokosmos des Makrokosmos. Das ist die tiefe buddhistische Bedeutung von Freundschaft, die über alltägliche Bekanntschaften hinausgeht.

Auf dem Feld der Freundschaft säen wir die Samen der Liebe mit den Händen der Demut. Wir streuen den Kompost der Güte aus und bewässern den Boden unserer Seelen mit dem Wasser des Großmutes. Wir müssen tiefe Dankbarkeit für alle Geschenke des Lebens äußern, die wir jeden Tag erhalten. Dann werden wir mit den Früchten der Freiheit gesegnet. Es ist schön, ein Freund zu sein, und es ist ein Segen, Freunde zu haben.

Ob wir nun Russen oder Amerikaner, Juden oder Araber, Schiiten oder Sunniten, Kommunisten oder Kapitalisten sind, was auch immer die Bezeichnung sein mag, wir sind in erster Linie

Menschen. Unsere ursprüngliche menschliche Identität hat Vorrang vor allen anderen sekundären Identitäten. Deshalb müssen wir unsere persönlichen, politischen, ökonomischen und ökologischen Beziehungen auf dem Fundament der Freundschaft bauen.

Freundschaft ist der einzige Kitt, der die Menschheit zusammenhält. Durch die Philosophie der Freundschaft erkennen wir, dass wir alle miteinander verbunden sind, dass wir alle miteinander verwandt sind, dass wir alle voneinander abhängig sind. Als der Buddha seinen letzten Atemzug tat, fragte Ananda ihn: »Wie möchtest du in deinem nächsten Leben wiedergeboren werden?« Der Buddha antwortete: »Nicht als Prophet, nicht als Lehrer, sondern einfach als *Maitreya*. Ich wünsche mir, als Freund wiedergeboren zu werden.« Wo immer Freundschaft gegeben ist, ist Gott anwesend. Gott kommt zu uns in Gestalt eines Freundes.

Sie könnten mich einen Idealisten nennen. Ja, ich bin ein Idealist. Aber ich frage Sie: »Was haben die Realisten erreicht? Kriege? Armut? Klimazerrüttung?« Die Realisten haben die Welt schon viel zu lange regiert und es nicht geschafft, Frieden und Wohlstand für alle zu erreichen. Geben wir also den Idealisten eine Chance, und lassen wir die Freundschaft zum Ordnungsprinzip unseres Lebens und unserer Welt werden. Wir werden vielleicht nicht zu hundert Prozent erfolgreich sein. Wir werden vielleicht nichts Utopisches erreichen, aber lasst uns die Kraft der Freundschaft vergrößern und die Kraft der Konflikte vermindern. Lasst uns keine Feinde haben, keine Feinde machen und keine Feinde sein. Es ist einen Versuch wert.

Es gibt keinen besseren Weg, um eine richtige Beziehung aufzubauen, als durch Freundschaft, also gib keinen Anstoß und nimm keinen Anstoß. Feindseligkeit, Konflikte, Streit, Ärger, Isolation und Einsamkeit machen das Leben viel zu kompliziert und verworren. Richtige Beziehungen, die auf der Reinheit der Freundschaft beruhen, machen das Leben einfach und geradlinig. Aber das Ideal der Freundschaft ist mehr als höfliche Umgangsformen oder oberflächliche soziale Gesten oder zweckmäßige diplomatische

Etikette. Beziehung ist keine Pflicht, sie ist die Grundlage unserer Existenz. Beziehung und Freundschaft müssen die Frucht jeder authentischen und radikalen Liebe sein. Wie also bringt uns die Liebe zur Einfachheit, und wie bringt uns die Einfachheit zurück zur Liebe?

Eleganz ist erreicht, wenn
alles Überflüssige weggelassen wird.
Je einfacher die Haltung ist,
desto schöner wird sie sein.

Paul Coelho

9

Liebe ohne Grenzen

Es gibt keinen Zauber,
der der Zärtlichkeit des
Herzens gleichkommt.

Jane Austen

Der reinste und tiefste Ausdruck eleganter Einfachheit kommt mit der Erfahrung der Liebe: Liebe ist wie der Wind; wir sehen sie nicht, aber wir fühlen sie.

Zu lieben bedeutet, den anderen so zu akzeptieren, wie er ist, ohne ihn zu verurteilen. Genauso bedeutet Liebe, mich selbst so zu akzeptieren, wie ich bin. Auf der Grundlage der Akzeptanz nehmen wir am Prozess der Evolution, Transformation und Veränderung teil. Liebe bedeutet, mit dem Fluss des Lebens mitzugehen und im Glanz der gnädigen Gegenseitigkeit zu wachsen.

Zuallererst müssen wir uns in uns selbst verlieben. Oft wollen wir uns in jemand anderen verlieben, ohne uns selbst zu lieben. Doch erst wenn wir uns selbst lieben, sind wir bereit, uns in einen anderen Menschen zu verlieben. Selbstakzeptanz bereitet uns darauf vor, andere zu akzeptieren. Wir müssen uns selbst bedingungslos akzeptieren, um jemand anderen bedingungslos akzeptieren zu können.

Wenn wir zu einer Party gehen, bereiten wir uns vor. Wir waschen unser Gesicht, bürsten unsere Haare, kleiden uns an und ziehen gute Schuhe an. Dann gehen wir auf die Party. Genauso müssen wir, wenn wir uns in jemanden verlieben wollen, auf uns selbst achten. Ich werde mich verlieben, weil ich glücklich, entspannt und frei bin.

Christus sagte: »Liebe deinen Nächsten wie dich selbst.« Das Wort *selbst* ist der Schlüsselbegriff. Wie du dich selbst liebst, so liebst du auch andere. Das bedeutet, wenn du andere nicht liebst, dann deshalb, weil du dich selbst nicht liebst. Der andere ist nur eine Erweiterung von dir selbst. Sich selbst zu lieben ist nicht egoistisch! Wenn Sie sich selbst nicht lieben können, wie können Sie dann jemand anderen lieben, und warum sollten Sie erwarten, dass jemand anderes Sie liebt?

Sich selbst so zu akzeptieren, wie man ist, und sich selbst dafür zu lieben, wie man ist, ist eine Voraussetzung dafür, andere so zu lieben, wie sie sind, und sie sein zu lassen, wie sie sind. Dies ist wirkliches Zusammensein. Wir sind alle voneinander abhängig. Wir sind aus einander gemacht. Sich selbst zu lieben, bedeutet daher nicht, von anderen getrennt und isoliert zu sein.

Selbstliebe hat nichts mit Stolz, Arroganz oder Ego zu tun. Es ist das Ego, das die Mauern der Trennung aufbaut. Es ist das Ego, das nach einem Namen, nach Ruhm und Anerkennung strebt. Das Verlangen nach Prestige, Macht und Herrschaft ist das Werk des Egos.

Wie der Boden die Quelle aller Früchte, Blumen und Nahrungsmittel ist, so ist die Seele der Boden des Intellekts und der Vorstellungskraft, der Liebe und des Mitgefühls. Und so, wie der Boden die Quelle von Unkraut, Dornen und allen Dingen ist, die rauh und schroff, hart und zerklüftet sind, so ist die Seele der Boden der Angst, des Kummers und der Qualen. Wir müssen sie annehmen und sie durch Liebe verwandeln. Die Liebe zu sich selbst, die Liebe zum Nächsten, die Liebe zu den Menschen und die Liebe zur Natur sind ein fortwährendes Kontinuum. Wir müssen freundlich zu uns selbst wie zu allen anderen sein, damit niemandem Leid zugefügt werden muss. Das ist radikale Liebe.

Bei der radikalen Liebe geht es nicht darum, dass ich einen Geliebten *haben will*, sondern darum, dass ich ein Geliebter *sein* will. Wenn ich sage: »Ich liebe dich«, habe ich ein bedingungsloses Angebot der Liebe gemacht. Ob die andere Person mich liebt oder nicht, liegt nicht in meiner Hand.

Wie soll ich jemanden lieben? Soll ich nach meinen Bedingungen lieben oder nach den Bedingungen der Person, die ich liebe? Wenn es wahre Liebe ist, würde ich nicht sagen: »Ich werde dich lieben, wenn du so oder so bist.« In dem Moment, in dem ich meine Liebe an Bedingungen knüpfe, verpasse ich das Eigentliche der wahren Liebe. Sich zu verlieben bedeutet, das Ego aufzugeben und zu sagen: »Ich liebe dich so, wie du bist, wer auch immer du bist«, ohne Bedingungen zu stellen oder Erwartungen zu haben. Das ist reine Liebe, wahre Liebe auf allen Ebenen – körperlich, emotional und spirituell. Wunschlose Liebe, begehrenslose Liebe ist nicht unromantisch. Romantische Liebe schließt sexuelle Liebe ein, geht aber darüber hinaus. Sie ist Liebe mit dem ganzen Wesen, mit Körper und Seele.

Romantische Dichter wie Wordsworth verliebten sich in die Natur. Romantische Maler wie Turner verliebten sich in die Landschaft. Shelley und Keats verliebten sich in das Leben. Die Verliebtheit ist ein wesentlicher Bestandteil der Liebe. Wir müssen uns verlieben, so, wie Wordsworth sich in die Blumen verliebte. Sich zu verlieben, ist keine einmalige Erfahrung. Wir können uns jeden Tag verlieben, so, wie Turner sich jeden Tag in das Meer verliebte. Ein Liebender sagt zu dem Geliebten: »Mein Liebling, wie schön du bist, wie bezaubernd du bist. Du bist magisch. Du bist immer noch bei mir, trotz meiner Unzulänglichkeiten, meiner Fehler und meines fürchterlichen Verhaltens. Ich bin gesegnet. Ich liebe dich.«

In unserem rationalen Zeitalter wird uns gesagt, dass es nicht gut sei, ein Romantiker zu sein. Das ist ein Irrtum. Wir müssen der Romantik wieder einen Platz in unserem Leben einräumen. Liebe ist keine Frage des Pragmatismus. Liebe ist keine Vernunftsache. Liebe ist eine Vereinigung von Körper und Seele. Eine liebevolle Beziehung ist etwas sehr Kostbares. Zwei Menschen mit unterschiedlichen Temperamenten und Kulturen kommen zusammen. Es ist nicht leicht, diese Unterschiede zu akzeptieren. Wenn zwei Menschen zusammenkommen, verschmelzen sie nicht miteinander. Sich zu verlieben, ist keine Verschmelzung. Wir kommen zusammen, um Seite an Seite zu stehen. Eins plus eins ist nicht zwei, es ist elf: 1 + 1 = 11. Wenn wir in einer Liebesbeziehung sind, sagen wir: »Ich bin deine Stütze. Ich bin für dich da. Stütze dich auf mich.«

Aufgrund unserer Erziehung und Konditionierung sind wir vielleicht daran gewöhnt, Dinge auf eine bestimmte Weise zu tun. Wenn wir anfangen, die Art und Weise des anderen zu akzeptieren und zu schätzen und nicht zu erwarten, dass die andere Person die Dinge auf unsere Art und Weise tut, dann legen wir den Grundstein für eine wirklich liebevolle und belastbare Beziehung. In engen Beziehungen sind es die kleinen Dinge, die wirklich wichtig sind. Kleine Meinungsverschiedenheiten können zu großen Konflikten führen. Ein großes, schönes Buch besteht aus kleinen, schönen Sätzen. Eine große Liebesbeziehung besteht aus kleinen freundlichen Taten.

Das Universum würde ohne sexuelle Liebe nicht existieren. Wenn Mann und Frau zusammenkommen, sich umarmen, küssen und lieben, dann wird ein Kind gezeugt. Jeder einzelne von uns ist ein Produkt der romantischen Liebe. Wir sollten die sexuelle Liebe feiern, ohne uns zu scheuen. Wir können sie preisen, über sie singen und Gedichte über sie schreiben. Unseren Körper einem anderen zu schenken und den Körper eines anderen in unseren aufzunehmen, ist ein schöner Akt. Menschen, Tiere, Pflanzen, Bienen und Blumen kommen in einer solch innigen Verbindung zusammen. Der Aufbau des Universums beruht auf der Biologie der Liebe. Ohne das Zusammentreffen von Männlich und Weiblich, *Shiva* und *Shakti*, Yin und Yang, kann es kein Leben geben. Das Universum ist eine Vereinigung in Liebe. Die Liebe ist der Quell der Fortpflanzung und der Freude.

Jeder unserer Sinne hat einen doppelten Zweck. Der eine ist, uns das Leben zu ermöglichen. Der andere ist, uns Freude zu bereiten. Nahrung zum Beispiel ist wie Treibstoff für unseren Körper. Wir könnten Vitaminpillen und Eiweißpillen zu uns nehmen und überleben. Aber bloßes Überleben ist nicht genug. Das universelle Anliegen besteht darin, das Essen schmackhaft, wohlriechend und farbenfroh zu machen, so dass es nicht nur Nahrung für den Körper ist, sondern auch eine Quelle der Freude. Wir sagen: »Leckeres

Essen, Erdbeeren, Äpfel, Bratkartoffeln, Reis, wow!« Wir betrachten Blumen und empfinden Freude. Wir hören Musik und Dichtkunst, und sie bereiten uns Freude. Unser Körper ist für die Freude gemacht, ebenso wie für all seine Funktionen. Er saugt Freude auf wie Löschpapier.

In ähnlicher Weise dient Sex der Fortpflanzung und der Reproduktion, aber das Universum ist so angelegt, dass wir, während wir ein Baby machen, auch unsere Liebe füreinander zum Ausdruck bringen, indem wir Vergnügen, Freude und Wonne geben und empfangen. Wir haben gleichzeitig Funktion und Vergnügen. Wir gehen Liebesbeziehungen mit einem Sinn für das Heilige, die Schönheit, den Respekt, die Ehrfurcht und den Verzicht auf das Ego ein. Darin wohnt die Freude. Sex ohne Liebe ist wie eine Blume ohne Duft oder ein Brunnen ohne Wasser.

In Indien ist Sex heilig. Wenn wir einen Shiva-Tempel betreten, was finden wir dann? Keinen Altar, keine Statue, kein Bild, sondern einen Phallus in Vereinigung mit dem weiblichen Organ. Das männliche und das weibliche Organ in Vereinigung werden verehrt. Sie sind *Shiva* und *Shakti*. Der Westen hat romantische Poesie und romantische Malerei, der Osten hat eine romantische Religion.

Im Tempel von Khajuraho in Zentralindien sind Statuen zu sehen, die 84 Stellungen der sexuellen Vereinigung abbilden, die explizit dargestellt werden. Dies ist ein Tempel, kein Museum, keine Kunstgalerie, kein Nachtclub, sondern ein Tempel. Die Menschen gehen dorthin, um Götter und Göttinnen beim Liebesspiel zu verehren.

Kein indischer Gott existiert ohne die Göttin. Shiva ist mit Shakti zusammen, Rama mit Sita, Krishna mit Radha und vielen anderen Liebenden, den Gopis.

Bei den hinduistischen Göttern steht der weibliche Name vor dem männlichen. Wir sagen: Sita Rama, nicht Rama Sita. Sita ist weiblich und Rama ist männlich. Lakshmi Narayan und nicht Narayan Lakshmi. Lakshmi ist die Frau und Narayan ist der Mann.

Radha Krishna. Radha ist die Frau, Krishna der Mann. Die Frau steht also an erster Stelle, denn es ist die Frau, die die Welt ins Leben ruft. Es ist das Mutterprinzip, das über allem steht. Im Sri Aurobindo Ashram in Auroville ist der Tempel nicht Sri Aurobindo gewidmet, sondern der Mutter; *matrimandir*, der Tempel der Mutter. Letztlich wohnt der Gott der Liebe in der Vereinigung von Mann und Frau. Gott in Indien ist ein Gott der Liebe, und die Religion ist eine Religion der Liebe. So einfach ist das!

In der Vereinigung von Mann und Frau praktizieren die Hindus tantrischen Sex. Sie bleiben so lange wie möglich im Zustand des Orgasmus. Sie glauben, dass der orgasmische Zustand der höchste Zustand der Transzendenz ist, eine vollständige Hingabe des Egos. Alles andere ist außer Kraft gesetzt. Im Zustand des Orgasmus befindet sich der persönliche Geliebte in einem Zustand der Vereinigung mit dem göttlichen Geliebten. Die Liebenden befinden sich in einem Zustand der totalen Ekstase und des Gleichgewichts. Der Geist ist völlig frei von Dualität und Trennungen.

Wenn wir wirklich verliebt sind, sind wir die ganze Zeit verliebt. Wir sind in jedem Moment verliebt. In dem Moment, in dem wir aufwachen, verlieben wir uns in den wunderschönen Himmel und in den Sonnenaufgang, wir verlieben uns in die Blumen und Schmetterlinge. Wir sehen Gott in einem Sandkorn und den göttlichen Geliebten in einem Grashalm. Wir verlieben uns in eine Frau, einen Mann, in Eltern, in Kinder, in jeden. Es ist Liebe um der Liebe willen. Es gibt keine andere Motivation. Ich bete keinen anderen Gott an als den Gott der Liebe.

Die Liebe ist das Mittel und auch der Zweck. Die Liebe ist der Weg und auch das Ziel. Es gibt keinen Weg zur Liebe, Liebe ist der Weg. Liebe ist eine Art des Seins. Wir müssen lernen, das zu lieben, was wir tun, und nur das zu tun, was wir lieben. Wie Konfuzius sagte: »Wenn du dich entscheidest, das zu tun, was du liebst, dann wirst du niemals arbeiten müssen, nicht einen Tag in deinem Leben.«

Liebe ist unbegrenzt und bedingungslos. Sie kennt keinen Gedanken wie: »Ich werde dich lieben, *wenn* du mich liebst«, oder: »Ich werde dich lieben, *aber* du musst gut sein.« Wahre Liebe bedeutet, auch dann zu lieben, wenn jemand nicht perfekt ist. Denn es ist die Liebe, die jeden Menschen vollkommen macht. Es ist leicht, jemanden zu lieben, der dich liebt und der gut ist. Aber wahre, bedingungslose Liebe bedeutet, auch dann zu lieben, wenn man keine Liebe zurückbekommt. Liebe ist nichts für Zartbesaitete. Sie erfordert Mut und Tatkraft. Die Liebe wächst auf dem Boden der Gnade und der Dankbarkeit.

Unsere Welt wird nicht durch Wut, Stolz, Hass, Aggression oder Krieg aufrechterhalten. Diese negativen Kräfte sind die Schattenseite unserer Natur. Letztlich werden wir von der Liebe getragen. Großzügigkeit, Freundlichkeit und Vertrauen sind unterschiedliche Aspekte der Liebe. Die Essenz des Lebens ist Liebe.

Wie oft werden wir in unserem persönlichen Leben wütend? Einmal am Tag? Einmal jeden zweiten Tag? Einmal in der Woche? Wenn wir wütend werden, wie lange dauert es dann? Fünf Minuten? Fünf Stunden? Fünf Tage? Zorn und Hass gibt es gelegentlich, und sie sind von kurzer Dauer. Denn es ist die Liebe, die Bestand hat. Die Liebe ist ewig.

Es leben etwa sieben Milliarden Menschen auf der Welt. Wie viele Menschen sind zu einem bestimmten Zeitpunkt in Kriege und aggressive Handlungen verwickelt? Fünf Millionen? Zehn Millionen? Immer eine Minderheit. Die Mehrheit der Menschen lebt in Liebe und Frieden miteinander, hilft sich gegenseitig und kümmert sich umeinander.

Diktatoren und Tyrannen sind nicht unsere Helden. Buddha und Jesus Christus werden von Millionen Menschen verehrt, weil sie den Weg der Liebe gegangen sind. Die Welt bewundert Mahatma Gandhi, Nelson Mandela, Mutter Teresa und Martin Luther King, weil sie die Politik der Liebe gepredigt und praktiziert haben. Wer will schon in die Fußstapfen von Hitler oder Stalin treten? Selbst wenn manche bewaffnete Revolutionäre gepriesen werden, werden sie nicht für ihre Gewalttätigkeit bewundert, sondern für ihren Kampf um Gerechtigkeit und ihre Liebe zu den einfachen Menschen. Die Regierungen haben sich auf die Kraft der Waffen verlassen, aber die Menschen im allgemeinen leben aus der Kraft der Liebe, und das macht sie glücklicher. Die Liebe ist das Ideal, und die Liebe ist auch praktische Politik. In der Liebe liegt die wahre Sicherheit.

Liebe bedeutet, das Bittere und das Süße zu akzeptieren, den Gewinn und den Verlust, den Schmerz und die Freude – alles mit Gleichmut. In dem Moment, in dem wir die Liebe ins Spiel bringen, verwandeln wir durch unsere Vorstellungskraft die Illusion des Getrenntseins in eine Einheit von allem; so wird die Zweiheit zur Einheit. Wir transzendieren Vorlieben und Abneigungen und feiern das Leben, wie es ist. Wenn wir den süßen Nektar der Liebe trinken, geschieht ein Wunder. Es findet eine Verwandlung statt. Wie Jalal ad-Din Rumi, der Sufi-Dichter, sagte:

Durch Liebe wird das Bittere süß
Durch Liebe werden Kupfermünzen zu Gold
Durch Liebe wird der Bodensatz klar
Durch Liebe wird der Schmerz heilend...

Das ist die transformative Kraft der Liebe.

Das Leben ist eine Landschaft der Liebe, und die Liebe ist die Feier des Lebens. Liebe ist keine Logik, Liebe ist reine Magie. Liebe ist reine Poesie und reines Vergnügen.

Lassen Sie sich von der Kraft der Liebe mitreißen. Zu lieben bedeutet, frei zu sein von Kritik, Beschwerden und Vorwürfen. Universelle Liebe zu praktizieren, bedeutet zu erkennen, dass diejenigen, die sich schlecht verhalten, dies tun, weil sie nicht geliebt wurden.

W.H. Auden geht sogar noch weiter, wenn er sagt:

»Jene, denen Übel getan wurde / Geben Übel weiter.«

Und William Blake sagt uns:

Die Liebe ist immer blind für Fehler,
Ist immer zur Freude geneigt,
Gesetzlos, beflügelt und unbeherrscht,
Und bricht alle Ketten von jedem Geist.

Als Christus sagte: »Liebe deinen Feind«, hat er das nicht leichtfertig gesagt. Es war ihm ernst. Er glaubte, »amor vincit omnia«, die Liebe besiegt alles. Durch Liebe wird der Feind zum Freund. Die Liebe merkt sich keine Untaten. Liebe erfordert den Mut, auch die andere Wange hinzuhalten. Zu lieben heißt, mutig zu sein. Singt das Lied der Liebe, und all eure Sorgen und euer Elend werden sich in Luft auflösen! Lebe in der Ekstase der Liebe. Dann wirst du von der Liebe getragen.

Zu lieben heißt, Gott zu sehen, denn Gott ist Liebe und Liebe ist Gott. Den Mystikern und Sufi-Dichtern erscheint Gott als der Geliebte und der Geliebte als Gott. Die Liebe ist die größte Religion der Welt. Die Liebe ist die Mutter aller Tugenden – Friede und Mitgefühl, Großzügigkeit und Demut werden aus der Liebe geboren. Die Liebe ist majestätisch und großartig. Wo es Liebe gibt, gibt es Hoffnung. Liebt und freut euch.

Liebende nehmen keinen Anstoß und geben keinen Grund dazu. Liebende betrachten niemanden als Feind, sie machen sich keine Feinde und haben keine Feinde. Feindseligkeit ist eine Folge von Hass, und Freundschaft ist die Folge von Liebe. Wie die Bienen die Blumen lieben und Honig produzieren, so lieben die Liebenden einander und produzieren Glück. Die Liebe ist der Sinn des Lebens, und durch die Liebe finden wir den Sinn des Lebens.

Leben bedeutet zu lieben, und zu lieben bedeutet, zu riskieren, verletzt zu werden, die Möglichkeit zu riskieren, nicht geliebt zu werden. Wünscht euch nicht, einen Liebhaber zu haben, seid einfach ein Liebhaber. Einen Liebhaber zu haben ist das Ergebnis davon, ein Liebhaber zu sein.

Liebe erweckt die Seele, Liebe nährt das Herz, Liebe bringt Freude in unser Leben. Die Liebe ist das schönste Mantra des Geistes. Der

Balsam der Liebe heilt alle Wunden, die Wunden des Ärgers und der Angst, die Wunden der Furcht und des Grolls. Die Liebe zu sich selbst, die Liebe zu einem geliebten Menschen, die Liebe zu den Menschen und die Liebe zur Natur sind ein Kontinuum. Wir müssen gütig zu uns selbst und allen anderen sein, damit niemandem Leid zugefügt werden muss und jeder die Freude der Liebe erfahren und ihren Nektar trinken kann.

Die Liebe ist für uns so natürlich wie das Atmen. Rumi sagt: »Deine Aufgabe ist es nicht, nach der Liebe zu suchen, sondern nur, alle Barrieren in dir zu suchen und zu finden, die du gegen sie errichtet hast.« Diese allumfassende Liebe manifestiert sich in vielen Formen, etwa der Philologie (Liebe zum Lernen), der Philosophie (Liebe zur Weisheit) und der Philanthropie (Liebe zu den Menschen). Noch inniger erleben wir die erotische Liebe. Wie schön ist es, sich zu verlieben und in der Umarmung des Geliebten zu sein! Aber das Verlieben ist kein Ereignis, das nur einmal im Leben vorkommt. Wenn wir wollen, können und sollten wir uns jeden Tag verlieben. Sich zu verlieben ist ein Wunder. Wir werden durch den Akt der Liebe geboren. Jeder Mensch ist ein Kind der Liebe. Es gibt keine Erbsünde, nur »Erb-Liebe«.

Die Liebe führt uns über die Vernunft, über den Intellekt und über jedwede Beschreibung hinaus. Die Liebe bringt uns an einen Ort jenseits von Richtig und Falsch, an einen Ort der Großherzigkeit und des Großmuts. Das ist die tiefe Liebe zum Leben. Alles, was wir brauchen, ist Liebe, denn Liebe ist alles. Liebe ist die Antwort. Was ist deine Frage?

Wir sind jedoch Menschen, und von Zeit zu Zeit fallen wir von der Gnade der Liebe in die Schande des Hasses, des Zorns und des Grolls. Auch wenn unser normaler Zustand einer der Gesundheit ist, werden wir doch von Zeit zu Zeit krank, und wir brauchen Heilmittel, um unsere Krankheit zu heilen. In ähnlicher Weise brauchen wir, wenn wir von der Krankheit des Hasses überwältigt werden, das Heilmittel der Vergebung. Vergebung ist das Gegenmittel zu Hass, Angst und Wut. Hass, Angst und Wut können unsere Gefühle, unseren Verstand und unsere Seele besetzen. Mit dem Besen der Vergebung können wir diesen Staub aus unseren Köpfen fegen und die Einfachheit der Liebe wiederherstellen. Im nächsten Kapitel werde ich im Haus der Vergebung verweilen.

Wenn ich weiß, genug ist genug,
habe ich bereits genug.
Wenn ich nicht weiß, wann genug genug ist,
werde ich nie genug haben.

Indisches Sprichwort

10

Die Kraft der Vergebung

Es ist eines der größten
Geschenke, die Sie
sich machen können:
zu verzeihen.
Vergeben Sie allen.

Maya Angelou

Um einfach zu leben und spirituelle Einfachheit zu praktizieren, musste ich in die Kraft der Vergebung gelangen. Während meiner 8.000 Meilen langen Wanderung durch die Kontinente stand ich zweimal einer Waffe gegenüber: einmal in Paris und ein zweites Mal in Atlanta, Georgia, in den Vereinigten Staaten. In Paris wurde ich von einem weißen Franzosen, der eine Waffe hatte, für einen algerischen Terroristen gehalten. Das war zu der Zeit, als der Algerienkrieg zu Ende ging, und er dachte, ich sei gefährlich. Das war eine Ironie der Geschichte. Ich war gerade den ganzen Weg von Indien über Moskau nach Paris gelaufen, um für Frieden, Gewaltlosigkeit und Vergebung zu werben, und hier im Herzen der Zivilisation wurde ich fälschlicherweise für einen Gewalttäter, vielleicht einen Terroristen gehalten.

Dass ich dem Tod entging, verdanke ich der Freundin, die ich besuchte. Sie erklärte dem Bewaffneten, dass ich kein Terrorist sei, sondern ihr Freund, ein Friedensstifter. Anschließend wollte sie meinen Angreifer bei der Polizei anzeigen, aber ich sagte: »Der Mann, der die Waffe trug, ist voller Angst. Er hat Angst, etwas zu verlieren, möglicherweise seine Überlegenheit als Weißer oder sein Leben oder irgendeine andere Angst. Am Ende muss er sich mit seiner Angst auseinandersetzen und sie überwinden. Das gelingt nicht, indem man ihn einsperrt.«

Meine Gastgeberin sagte: »Aber du hättest getötet werden können!«

Ich antwortete: »Ja, das hätte ich, aber man kann nur einmal sterben. Doch man kann ein langes Leben voller Angst und Rache leben. So möchte ich nicht leben.«

Die zweite Geschichte ist ähnlich. Nach meiner Begegnung mit Martin Luther King 1964 in Atlanta, Georgia, lud mich ein englischer Freund in ein Restaurant ein, ohne zu wissen, dass es nur für Weiße war. Die Kellner weigerten sich, uns zu bedienen, also ging ich zu dem Manager und bat um eine Erklärung. Er sagte: »Wir geben keine Erklärungen ab, gehen Sie sofort, ohne Wenn und Aber.«

Ich antwortete: »Nein, ich werde nicht gehen.« Inzwischen war mir klar, dass der Grund für die Ablehnung meine Hautfarbe war.

»Raus!« schrie er mich an. Kellner und Kunden scharten sich um ihn.

Ich sagte: »Es tut mir leid, aber warum sind Sie wütend? Ich habe Ihnen nichts getan. Ich bitte nur um eine Tasse Tee. Wir können im Voraus bezahlen. Gibt es ein Problem?«

Der Manager öffnete eine Schublade, zog eine Pistole heraus und sagte: »Hinaus mit Ihnen oder…« Inzwischen hatten sich noch mehr Leute versammelt, die mich zusammen mit den Kellnern festhielten und zur Tür hinausschoben.

Später beschwerte ich mich beim State Department über den Vorfall, weil ich dachte, die US-Regierung müsse wissen, was in den Restaurants ihres Landes vor sich geht. Meine Absicht war nicht eine Bestrafung des Gastronomen, sondern vielmehr eine Änderung des Gesetzes. Ich erhielt eine Entschuldigung vom Außenministerium. In jedem Fall empfand ich keine Bitterkeit. Der Besitzer handelte aus Angst, die weiße Überlegenheit zu verlieren, aus Angst, von der Macht der schwarzen Minderheit überwältigt zu werden. Martin Luther King sagte, dass die weiße Gemeinschaft die Schwarzen nicht zu fürchten brauche. Die schwarze Gemeinschaft wolle nicht über die Weißen herrschen, aber sie wolle auch nicht von ihnen beherrscht werden. In den Augen Gottes sind wir alle gleich. Unabhängig von unserer Hautfarbe haben wir alle rotes Blut unter unserer Haut. Die grundlegende Menschenwürde und die Würde des Lebens sind das Recht von uns allen.

Ich habe gelernt, dass die Kunst der Vergebung mit der Kunst des Handelns für eine gerechte Sache Hand in Hand gehen kann. Vergebung bedeutet nicht, dass man sich der Ungerechtigkeit ergibt, und Handeln für die Gerechtigkeit bedeutet nicht, dass man sich rächt oder dem Gegner Schaden zufügt.

Für mich geht die Praxis der Vergebung auf meine Jain-Wurzeln zurück. Als junger Mönch habe ich, bis ich 18 war, jeden Abend vor dem Schlafengehen ein Mantra der Vergebung gesungen:

Ich vergebe allen Lebewesen auf dieser Erde.
Ich bitte alle Lebewesen um Vergebung.
Ich schätze die Freundschaft mit allen Lebewesen.
Ich habe keine Feinde.

Wenn ich mich zur Ruhe begab und vergessen hatte, dieses Gebet zu sprechen, stand ich auf, schloss die Augen, wurde still und rezitierte das Mantra zweimal. Dabei ging es nicht nur darum, die Worte auszusprechen. Ich musste die Bedeutung tief im Inneren spüren, zusammen mit einem tiefen Gefühl der Einheit mit allem Leben. »Die Vorstellung, dass jemand dein Feind sein kann, ist falsch«, sagte mein Guru, »du machst dir den anderen nur durch deine Angst zum Feind, also ist deine Angst dein Feind. Überwinde die Angst und du hast alle Feinde besiegt.«

Zusätzlich zu dieser täglichen Praxis feiern die Jains jährlich ein Fest der Vergebung. Während der Monsunzeit gibt es einen Tag, an dem alle Jains 24 Stunden lang fasten. Ich trank nichts als abgekochtes Wasser und verbrachte alle meine wachen Stunden damit, mich an Gedanken, Worte oder Taten zu erinnern, die vielleicht hart oder schädlich waren und die jemandem im Laufe des Jahres Schaden zugefügt hatten. Dies war eine Zeit der aufrichtigen und echten Besinnung. Ich wiederholte die Worte: »Ich vergebe, ich vergebe, ich vergebe« nach jeder Erinnerung an Ärger, Gereiztheit oder Überheblichkeit. Während ich andere um Vergebung bat, vergab ich auch mir selbst meine Unzulänglichkeiten.

Ich erinnere mich lebhaft daran, dass ich mich nach 24 Stunden einer solchen körperlichen und geistigen Entgiftung leicht und geheilt fühlte, als wäre mir eine große Last von den Schultern genommen. Nach dem Fastenbrechen ging ich zu meinen Freunden und Familienmitgliedern und bat sie von Angesicht zu Angesicht um Vergebung. Ich verbeugte mich, berührte die Füße meiner Mitmönche und sagte ihnen aufrichtig, dass ich nichts Böses oder Verletzendes empfinde, auch wenn sie mich geärgert hatten. Ich bin gekommen, um Vergebung zu erbitten und um zu vergeben.

An diesem Tag schreiben Jains auch Briefe, in denen sie um Vergebung bitten und Vergebung gewähren, wenn ihre Freunde und Familienangehörigen nicht nahe genug sind, um dies persönlich zu tun. Sich selbst zu vergeben, seinen Mitmenschen zu vergeben und andere um Vergebung zu bitten, schafft den Boden, auf dem Mitgefühl, Großzügigkeit, Gegenseitigkeit, Verbundenheit, Austausch und Liebe wachsen können. Ohne Vergebung kann es kein Gefühl von Harmonie und Frieden geben.

Freiheit von Angst ist die Frucht der Vergebung. Wenn wir frei von Angst sind, ist das die Voraussetzung für Schöpferkraft, die für das menschliche Wohlbefinden absolut notwendig ist. Wenn wir vor Wut und Rachegelüsten kochen, sind wir nicht in der Lage, körperliche, geistige oder spirituelle Erfüllung zu finden. Glückseligkeit ist eine Folge eines ruhigen Geistes. Nach Ansicht der Jains besteht der Zweck des Lebens darin, Glück oder *Ananda* zu finden. Glück entsteht, wenn wir uns keine Feinde machen, wenn wir keine Feinde haben, wenn wir keinen Anstoß erregen und keinen Anstoß nehmen. Wenn jemand ein Feind sein möchte, können wir seine Feindseligkeit oft durch Geduld und Vergebung auflösen.

Vergebung ist nur möglich, wenn uns jemand verletzt, verwundet oder beleidigt hat. Solche negativen Handlungen bieten uns die Möglichkeit, Mitgefühl zu kultivieren und zu manifestieren, welches das Gegengift zur Rache ist. Wenn sich niemand negativ oder verletzend verhalten würde, gäbe es keine Möglichkeit,

Vergebung zu üben. Wenn uns jemand weh tut und wir ihm auch weh tun, dann begeben wir uns auf sein Niveau. Dessen Gewalt plus unsere Gewalt verdoppelt das Ausmaß an Gewalt. Eine Steigerung der Aggression hilft niemandem. Man kann ein Feuer nicht löschen, indem man Brennstoff nachlegt. Die einzige Möglichkeit, das Feuer der Aggression und des Zorns zu löschen, ist das Wasser der Vergebung. Das Wasser der Vergebung ist nicht einfach ein passiver Prozess, bei dem man nicht negativ reagiert. Das Wasser der Vergebung ist eine positive Handlung: das Gute in einem Menschen zu sehen, selbst wenn man sich mit extremer Negativität konfrontiert sieht.

Vinoba Bhave pflegte uns den königlichen Weg der Vergebung darzulegen. Es gibt Skeptiker, die in jedem Menschen nur Fehler sehen. Ihr Skeptizismus hindert sie daran, Vergebung zu praktizieren. Dann gibt es Menschen, die in jedem Menschen etwas Gutes und etwas Schlechtes sehen; das sind die Rationalisten. Für sie ist es gleichfalls schwierig, Vergebung zu praktizieren. Dann gibt es Menschen, die hauptsächlich das Gute in jedem Menschen sehen. Sie können beginnen, Vergebung zu praktizieren. Dann gibt es diejenigen, die, wenn sie eine kleine Tugend in anderen finden, diese hervorheben, sie überschwenglich loben und sie mit Anerkennung überschütten. Das sind die Menschen auf dem Königsweg zur Vergebung.

Ich fragte, ob diese Art von Verhalten ehrlich und wahrhaftig sei. Vinoba antwortete, dass man, wenn man eine kleine Tugend in jemandem sieht, erkennen muss, dass diese gute Eigenschaft ein Reservoir an Tugendhaftigkeit darstellt, die im Herzen des Betreffenden verborgen ist. Indem man sich auf diese Tugend konzentriert, macht man sie hell. Das ist vergleichbar mit dem Lesen einer Landkarte, auf der ein Zoll zehn Meilen darstellt. Obwohl man auf der Karte einen Zentimeter sieht, weiß man, dass es auf dem Boden zehn Meilen sind. Auf die gleiche Weise können wir in einem Menschen, der sich schlecht benimmt, eine kleine Tugend erkennen und wissen, dass er oder sie das Potential hat, ein Heiliger zu sein.

Es ist tatsächlich möglich, einen bösen Menschen durch Vergebung in einen Heiligen zu verwandeln.

Vinoba selbst war von immenser Großzügigkeit beseelt. Es gelang ihm, Großgrundbesitzer, die oft als gemein und gierig galten, für sich zu gewinnen und zu überreden, Land abzugeben und ihren Reichtum mit den landlosen Armen zu teilen. Es war ein Wunder, dass Vinoba 4,5 Millionen Hektar Land als Schenkungen sammelte, die unter den Niedrigsten der Niedrigen, den Arbeitern, die nichts besaßen, verteilt wurden. Auf öffentlichen Versammlungen baten die Großgrundbesitzer unter Vinobas Vorsitz die Armen, die ihre Familien seit Generationen ausgebeutet hatten, um Vergebung. Im Gegenzug boten die landlosen Arbeiter den Grundbesitzern Vergebung an, unter deren Regime sie und ihre Vorfahren gelitten hatten. Die gegenseitige Vergebung heilte die Wunden eines ganzen Lebens. Endlich herrschte in vielen Dörfern Eintracht und Frieden.

Ein weiteres Beispiel in Vinobas Leben war die Kapitulation von Banditen und Dacoits (bewaffneten Räubern), die die Landbevölkerung in Zentralindien heimsuchten und ausplünderten. Dies geschah, weil Vinoba es wagte, mit Liebe und der Kraft der Vergebung auf sie zuzugehen. Er sprach sehr respektvoll zu ihnen: »Ihr seid Rebellen, auch ich bin ein Rebell, der einzige Unterschied zwischen uns ist, dass ich die Waffe des Mitgefühls gebrauche. Aber ich lobe euch für euren Geist der Rebellion und euren Mut, lasst uns gemeinsam Gerechtigkeit und Gleichheit in unsere Gesellschaft tragen.« Bis dahin waren diese Menschen von allen verurteilt und als Kriminelle bezeichnet worden, aber Vinoba nannte sie Rebellen, Männer mit Mut. Seine Worte bewirkten einen Sinneswandel, und die bewaffneten Rebellen gaben ihre Waffen ab, baten um Vergebung und vergaben ihrerseits. Sie mussten sich einem Gerichtsverfahren stellen und wurden zu einer Gefängnisstrafe verurteilt, aber sie gewannen wieder Respekt und Lob in der Öffentlichkeit und bei der Presse und der Regierung. Schließlich wurden sie und ihre Familien rehabilitiert, indem sie Land zur

Bewirtschaftung und Kapital zur Gründung von Handwerksbetrieben erhielten.

Obwohl mir als junger Mönch das jährliche Ritual der Vergebung beigebracht worden war, lernte ich als Erwachsener, dass die Praxis der Vergebung nicht immer einfach ist. In manchen Fällen kann es viele Jahre dauern, bis man zu einem Zustand vollständiger Vergebung gelangt. Ich musste sehr lange darum ringen, meiner Mutter und meinem Guru zu vergeben.

Meine Mutter war in den meisten Aspekten ihres Lebens flexibel und tolerant, aber wenn es um religiöse Prinzipien ging, war sie streng, überaus strikt. Als ich dem Orden entfloh und nach Hause kam, in der Erwartung eines herzlichen Empfangs durch meine geliebte Mutter, war ich wie vor den Kopf geschlagen, als sie sagte: »Nein, du kannst nicht ins Haus kommen.« Sie bot mir nicht einmal ein Glas Wasser an.

»Aber ich bin dein Sohn«, flehte ich.

»Nein, das bist du nicht. Du hast dich vor neun Jahren von zu Hause losgesagt, du hast dich verpflichtet, auf Lebenszeit Mönch zu sein, also geh zurück zu Gurudev, bitte ihn um Vergebung und bitte um Wiederaufnahme in den Orden.«

Ich traute meinen Ohren nicht. War das dieselbe Mutter, die mich so sehr liebte? Ich war zutiefst enttäuscht, verärgert und wütend.

»Ich gehe nicht zu den Mönchen zurück«, sagte ich, »und du wirst mich nie wieder sehen.« Mit dieser Drohung kehrte ich ihr den Rücken und machte mich auf den Weg zu einem Ashram der Gandhianer in Bodhgaya.

Viele Jahre später unterhielten sich meine Mutter und mein Guru.

Er sagte zu ihr: »Dein Sohn trägt noch immer den Geist eines Mönchs in sich. Er hat die Welt zu Fuß umrundet, wie es ein

Mönch tun würde. Er ist ohne Geld gereist. Er hat sich für die Prinzipien des Friedens und der Gewaltlosigkeit eingesetzt. Ich bin sehr beeindruckt von seinen Taten.«

Als sie das von Gurudev hörte, erweichte sich das Herz meiner Mutter. Irgendwie fand sie heraus, dass ich in Varanasi lebte. Sie machte sich auf den Weg dorthin und fand mich. Ich war immer noch wütend und nachtragend. Ich konnte den Tag nicht vergessen, an dem ich obdachlos, mittellos und verletzlich war und meine Mutter mich abgewiesen hatte.

»Ich bin gekommen, um dich zu sehen und dich um Verzeihung zu bitten«, waren die ersten Worte meiner Mutter. Ich war sprachlos. Was sollte ich sagen? Was sollte ich tun?

»Auch wenn du aus dem Mönchsorden ausgetreten bist, ist die Friedenspilgerfahrt, die du unternommen hast, die Tat eines Mönchs. Auf jeden Fall bedauere ich meine Zurückweisung. Du arbeitest für den Frieden in der Welt. Ich habe deine Leistungen zu schätzen gelernt. Ich möchte Frieden mit dir schließen. Ich bin gekommen, um dir den Segen einer Mutter zu geben.«

Das war alles völlig unerwartet. Die süßen Worte meiner Mutter ließen mein Herz schmelzen. Sie war allein den ganzen Weg von Rajasthan gekommen, mehr als 500 Meilen, und war zweimal umgestiegen. Es war das erste Mal, dass sie in Varanasi war, seit sie und ich die Asche meines Vaters im Ganges verstreut hatten. Ihre Bescheidenheit und Großzügigkeit berührten mein Herz.

»Ich danke dir, Mutter«, antwortete ich, »aber diese zehn Jahre waren sehr hart. Ich konnte einen anderen Guru finden, Vinoba, ich konnte andere Freunde finden, aber ich konnte keine andere Mutter finden. Deine Zurückweisung hat mich verletzt. Ich bin froh, dass du gekommen bist und mir verziehen hast. Auch ich vergebe dir, dass du mich zurückgewiesen hast. Du hast mir nicht nur das Leben geschenkt, sondern auch deine Weisheit, dafür bin ich dir dankbar.« Während ich diese Worte sagte, liefen meiner Mutter die Tränen über das Gesicht. Auch ich weinte. Wir umarmten uns – die längste und festeste Umarmung meines Lebens.

Als ich die Mönchsgemeinschaft verließ, war mein Guru Tulsi überaus verärgert; tatsächlich war er mehr als verärgert, er war wütend – was man bei einem vollendeten und hoch angesehenen spirituellen Lehrer nicht erwarten sollte. Tulsi war nicht nur mein Guru, er war auch wie mein Vater. Er hatte alles getan, hatte sich um mich gekümmert, mich gelehrt und für mich gesorgt. Dass ich den Orden verließ, war ein Verrat in zweierlei Hinsicht: Ich brach das heilige Gelübde, auf Lebenszeit Mönch zu bleiben, und ich war illoyal und undankbar, indem ich Tulsi zugunsten eines weltlichen Lebens zurückwies.

Unmittelbar nachdem ich die Mönchsgemeinschaft verlassen hatte, schickte Tulsi seine Laienanhänger aus, um mich zu ergreifen und zu veranlassen, mich wieder in die Gemeinschaft einzugliedern. Sie versuchten, mich zu zwingen, in die Gemeinschaft zurückzukehren. Tulsi versuchte sogar, Vinoba zu beeinflussen, mich nicht in seinen Ashram aufzunehmen. Glücklicherweise ignorierte Vinoba seine Bemühungen. Aber diese Vorgehensweise machte mich noch rebellischer, und ich begann, mich gegen die organisierte Religion im Allgemeinen und meine Jain-Sekte im Besonderen zu wenden. Mindestens sieben oder acht Jahre lang befand ich mich in heftiger Fehde mit meinem Guru. Tulsi ließ durch seine Anhänger deutlich machen, dass er mich nie wiedersehen wollte. Es war für uns beide eine Zeit anhaltender Bitterkeit.

Aber die Zeit heilt. Tulsi schien mich und meine Aktivitäten im Auge zu behalten. Meine Wanderung um die Welt zur Förderung des Friedens erweichte sein Herz. Er hatte mich vor meiner Mutter gelobt, und dennoch hatte er selbst nie einen Schritt zur Versöhnung mit mir unternommen. Aber ich tat es auch nicht. Ich dachte, wir würden uns nie wiedersehen.

Es verging eine lange Zeit, ich verließ Indien, heiratete und bekam einen Sohn namens Mukti. Als Mukti in seinen Zwanzigern war, ging er nach Indien, um seine Wurzeln zu finden und etwas mehr über das Land seines Vaters zu erfahren. Ohne meine Weisung und ohne mein Wissen fuhr er zu meinem Geburtsort und dann zu Tulsi. Als Tulsi erkannte, dass Mukti mein Sohn war, war er verblüfft. Nach einem kurzen Gespräch sagte Tulsi: »Hast du Stift und Papier?«

»Ja, natürlich, Sir«, sagte Mukti.

»Bitte richte deinem Vater eine Nachricht von mir aus: ›Was du getan und erreicht hast, ist bewundernswert. Die Vergangenheit ist vorbei, alles ist vergeben. Komm und besuche mich.‹ Bitte überbringe deinem Vater meine Bitte«, sagte Tulsi.

Als Mukti nach Hause kam, sagte er zu mir: »Papa, du musst zu deinem Guru gehen, du musst. Er wird alt. Ich konnte in seinem Gesicht lesen, dass er dich unbedingt wiedersehen will, bevor er stirbt.« Das war eine starke Bitte meines Sohnes. Die Botschaft meines Gurus war auch sehr rührend, und so sagte ich zu Mukti: »In Ordnung, ich werde ihn besuchen, sobald ich kann.« Ich hatte Angst, es allein zu tun, also fragte ich meinen lieben Freund John Lane, der ein Indienliebhaber war, ob er mitkommen würde, um meinen Guru zu treffen. Zu meiner Freude sagte er zu. Wir flogen nach Delhi und fuhren mit dem Zug in die Stadt Ladnun, wo Tulsi zu Hause war.

Am späten Vormittag gingen John und ich zu Tulsi, um uns ihm vorzustellen. Vom anderen Ende einer großen Halle aus konnten wir ihn auf einem Podest sitzen sehen, wo er zu Schülern und Laien sprach. Da John ein großer Mann und der einzige Westler war, der die Halle betrat, wurden wir sofort bemerkt. Als einer der Ordner erfuhr, wer ich war, führte er uns nach vorne, und wir fanden uns neben Tulsi wieder. Er war ganz überrascht, aber erfreut, mich zu sehen.

»Für wie lange bist du gekommen?« fragte er.

»Mindestens einen Tag«, sagte ich.

»Das ist nicht genug. Wir haben viel zu besprechen. Bleib noch ein paar Tage hier«, sagte Tulsi nachdrücklich. Dann sagte er: »Es ist viel Wasser unter der Brücke hindurchgeflossen.« Er hielt inne. »Wie lange ist es her, dass du mich verlassen hast?« überlegte er.

»Fast 40 Jahre«, sagte ich.

»Damals hatte ich große Erwartungen an dich. Alle dachten, dass du ein wunderbarer Lehrer sein würdest. Einige meinten sogar, du hättest das Potential, mein Erbe anzutreten. Nicht nur ich, sondern alle, die dich kannten, waren mehr als enttäuscht. Wir fühlten uns verraten. Wie konntest du das tun? Was hätten wir denn noch für dich tun können?«

Viele Mönche und Laienschüler Tulsis dachten dasselbe. Mir wurde so viel Liebe, Fürsorge, Bildung und Aufmerksamkeit zuteil, und doch hatte ich keine Dankbarkeit gezeigt und sie und mein Mönchsleben abrupt verlassen.

Ich konnte den Schmerz in seiner Stimme vernehmen. Obwohl das, was ich getan hatte, schon so lange her war, war klar, dass die Wunden noch nicht verheilt waren. Ich erinnerte mich an diese Tage, und ich erinnerte mich daran, wie sehr Tulsi mich geliebt hatte.

»Es tut mir zutiefst und aufrichtig leid, dass ich dich im Stich gelassen habe. Ich bedauere, dass ich keine Dankbarkeit für alles, was du für mich getan hast, zum Ausdruck gebracht habe. Aber ich danke dir, dass du mich eingeladen hast, dich zu sehen, und ich danke dir, dass du mir über meinen Sohn Mukti die Botschaft sandtest, dass alles vergeben sei«, sagte ich.

Wir schwiegen eine Weile. Dann fuhr ich fort: »Deine Lehren und deine Weisheit haben mein Leben geprägt. Ich habe gelernt, einfach und leicht auf der Erde zu leben. Ich habe mich in Loslösung geübt, so, wie du es mich gelehrt hast. Ich habe mich immer wieder an deine Worte erinnert, dass Liebe und Bindung nicht dasselbe seien. Ich habe von dir gelernt, mir selbst zu vertrauen und der Welt zu vertrauen. Es gibt keine Worte, die ausdrücken können, wie sehr ich dir zu Dank verpflichtet bin.« Ich war zu Tränen gerührt. John legte seine Hand auf meine Schulter und reichte mir sein Taschentuch.

»Du hast dich gut geschlagen«, sagte Tulsi. »Ich habe von deinen Abenteuern, deinen Pilgerfahrten und deinem Engagement für eine bessere Welt gehört. Und wenn meine Lehren für dich hilfreich waren, freut mich das sehr. Ich möchte dich segnen und wünsche dir Freude auf deinem Lebensweg.« Dies war ein Akt immenser Großzügigkeit und Vergebung von Seiten meines Gurus. Ich verneigte mich wieder und wieder vor ihm. John und ich verbrachten ein paar Tage in Tulsis Gegenwart und sprachen über den Zustand der Welt und darüber, dass Gewaltlosigkeit gegenüber der Natur ein wesentlicher und charakteristischer Bestandteil der Jain-Lehre ist. »Gewaltlosigkeit gegenüber sich selbst und Gewaltlosigkeit gegenüber den Menschen muss auf Gewaltlosigkeit gegenüber allen Lebewesen ausgedehnt werden. Es ist unerlässlich, dass wir nicht nur die grundlegende Würde aller Menschen, sondern aller Lebewesen anerkennen«, sagte Tulsi aus tiefstem Herzen. Es war für mich beruhigend und heilend, seine Lehren noch einmal zu hören.

Ein weiteres wunderbares Beispiel für Vergebung ist Jo Berry. Sie ist die Tochter von Sir Anthony Berry, einem konservativen Parlamentsmitglied, der 1984 bei einem Bombenanschlag der Irisch-Republikanischen Armee (IRA) auf ein Hotel in Brighton getötet wurde, während er am Jahresparteitag der Konservativen teilnahm. Jo sagte mir, dass das Trauma und die Trauer über den Verlust ihres Vaters, der auf so schockierende Weise eintrat, sie lange und intensiv zum Nachdenken gebracht haben. »Ich kann Rache oder ich kann Frieden suchen«, dachte sie. Sie entschied sich für Vergebung anstelle von Schuldzuweisungen und Hass.

»Am schwierigsten war es, eine Brücke zu Patrick Magee zu bauen, der die Bombe gelegt hatte, die meinen Vater tötete«, erinnert sie sich. »Nachdem er aus dem Gefängnis entlassen worden war, traf ich ihn im Haus eines Freundes in Dublin. Ich hatte Angst. Zuerst verteidigte er seinen politischen Standpunkt, aber dann begann er, meinen Schmerz zu verstehen. Etwas änderte sich. Er hatte seine politische Haut abgelegt, und sein menschliches Herz öffnete sich. Ich sagte ihm: »›Wir sollten einander helfen. Was immer ich auch tue, nichts wird meinen Vater zurückbringen, aber lassen Sie uns gemeinsam etwas tun, damit in Zukunft keine Tochter und kein Sohn ihren Vater unter solch gewaltsamen Umständen verliert.‹«

Dies war ein wahrhaftiger Moment der Versöhnung. Jo Berry, ein Opfer der Gewalt, vergab Patrick Magee, dem Mann, der ihren Vater getötet hatte. Seitdem arbeiten sie gemeinsam daran, Brücken des Friedens zu bauen. Sie haben gemeinsam auf mehr als hundert Veranstaltungen gesprochen und die Menschen mit ihrer inspirierenden Erzählung erreicht. Sie erinnern ihre Zuhörer daran, dass Gewalt Gewalt hervorruft und Rache Rache erzeugt. Der einzige Weg nach vorn besteht darin, zu vergeben, zu vergessen und neu zu beginnen. Wie es im Sprichwort heißt:

Der erste, der sich entschuldigt, ist der Mutigste.
Der erste, der vergibt, ist der Stärkste.
Der erste, der vergisst, ist der Glücklichste.

Wie lange können wir die Last der Vergangenheit noch tragen? Die Geschichte ist voll von Greueltaten und Grausamkeiten, von Sklaverei, Rassismus, Kolonialismus, Apartheid, Holocaust und Völkermord in der einen oder anderen Form.

Patrick Magee war zu achtmal lebenslänglich verurteilt worden. Der Richter brandmarkte ihn als einen Mann von außergewöhnlicher Grausamkeit und Unmenschlichkeit. Am Ende saß er 14 Jahre im Gefängnis und wurde im Rahmen des Karfreitagsabkommens freigelassen, das dem sektiererischen Konflikt in Irland ein Ende setzte. Jetzt ist er ein veränderter Mann, der sein ganzes Leben der Aussaat von Liebe anstelle von Hass gewidmet hat. Es heißt: »Es gibt keine Liebe ohne Vergebung, und es gibt keine Vergebung ohne Liebe.«

Diese Geschichte zeigt, dass jedes menschliche Herz von Gutem und Bösem durchdrungen ist und dass jeder Mensch das Potential hat, sich zu verändern. Die Macht des Mitgefühls und der Vergebung ist größer als die Macht von Strafe und Rache.

Mein letztes Beispiel für Vergebung ist die Arbeit der südafrikanischen Wahrheits- und Versöhnungskommission, ein überragendes und unübertroffenes Beispiel für Friedensstiftung in der Geschichte der Politik des 20. Jahrhunderts. Der lange und erbitterte Kampf zur Beendigung der Apartheid wurde von vielen großen Aktivisten geführt, darunter Nelson Mandela, der 27 Jahre im Gefängnis verbrachte. Die Geschichte der Anti-Apartheid-Bewegung ist gut dokumentiert und bekannt. Das Bemerkenswerte an dieser erstaunlichen Geschichte ist die Geistesgröße der Opfer. Als Präsident des neuen Südafrikas forderte Nelson Mandela die Menschen auf, das Unrecht, die Grausamkeit und die Gewalt des Apartheidregimes anzuerkennen und zu akzeptieren, um dann loszulassen und nach vorne zu schauen. Um dies zu erreichen, setzte Mandela die Wahrheits- und Versöhnungskommission unter Vorsitz von Erzbischof Desmond Tutu ein. Um eine Siegerjustiz zu verhindern, mussten beide Seiten vor der Kommission erscheinen, und am Ende wurde 849 Menschen Amnestie und Vergebung gewährt.

Wie Bernard Meltzer, ein US-amerikanischer Radiomoderator, einmal sagte: »Vergessen ändert nicht die Vergangenheit, aber es ändert die Zukunft.« Dieser Ansatz steht im Gegensatz zu dem, der bei den Nürnberger Prozessen verfolgt wurde. Der Ansatz der Versöhnung hat sich als erfolgreicher Weg erwiesen, mit den Verbrechen der Apartheid umzugehen.

Aus meiner persönlichen Erfahrung sowie aus der Erfahrung sozialer und politischer Aktivisten habe ich zahlreiche Belege dafür gefunden, dass Konflikte durch Vergebung gelöst werden können, während Rache und Bestrafung die Wunden und Spaltungen nur noch verschlimmern und keine Heilung bringen. Wir haben genug von Konflikten und Kriegen. Jetzt ist es an der Zeit, dass sich die Menschen auf der Welt auf den Weg der Aussöhnung begeben. Verhandeln und Verzeihen ist der Weg der Tapferen und Mutigen. Wie Mahatma Gandhi sagte: »Die Schwachen können niemals vergeben, Vergebung ist eine Eigenschaft der Starken.«

Es gibt viele Beispiele für Konflikte und Zwänge innerhalb menschlicher Gesellschaften. Heute besteht der alles überlagernde Widerspruch zwischen der menschlichen Gier und der Leistungsfähigkeit der Erde. In den letzten Jahrhunderten haben die Industriegesellschaften die Ressourcen der Erde ausgebeutet, indem sie Tiere, Wälder und Ozeane wie Minen behandelten, die sie ausbeuten. Es scheint, als befände sich die Menschheit im Krieg mit der Natur. Wir behandeln das Land und verschmutzen die Biosphäre, als ob wir uns im Krieg befänden. Die Mission der modernen Gesellschaft scheint darin zu bestehen, die Natur zu erobern.

Es wird eine Zeit kommen, in der die Menschheit ihre Torheit erkennt und die Erde um Vergebung bittet. Bis jetzt hat die Mehrheit der Menschen ihre Dummheit und Rücksichtslosigkeit nicht wahrhaben wollen. Sie glauben immer noch, es sei ihr Recht, die Natur auszunutzen, um den steigenden Anforderungen der weltweiten Konsumgesellschaft zu genügen. Obwohl eine wachsende Minderheit von Menschen auf der ganzen Welt erkennt, dass der Mensch innerhalb der Grenzen der endlichen Erde leben muss und sich als integraler Bestandteil der Natur und nicht als ihr Herr betrachten sollte, ist diese Ansicht noch nicht bei der breiten Masse angekommen. Es mag noch einige Zeit dauern, bis wir uns dieses schweren Fehlers bewusst werden. Aber früher oder später wird die Zeit kommen, in der wir die Erde um Vergebung bitten müssen. Ich glaube, die Erde ist so gütig und großherzig, uns zu vergeben, und vielleicht werden wir in der Lage sein, den Schaden, den wir angerichtet haben, in Ordnung zu bringen. Aber wenn wir unsere Fehler nicht rechtzeitig erkennen, wird traurigerweise das Überleben der Menschheit in großer Gefahr sein.

Immer mehr Menschen erkennen, dass die Menschheit im Einklang mit der Erde leben muss. Ende 2015 kamen fast 200 Regierungen der Welt zusammen und waren einhellig der Meinung, dass sich das Klima aufgrund menschlicher Aktivitäten und insbesondere der übermäßigen Nutzung fossiler Brennstoffe verändert und dass diese Veränderungen katastrophale Auswirkungen auf den Planeten Erde und das Überleben der menschlichen Zivilisation sowie vieler Arten haben wird. Überraschenderweise sind die meisten Regierungen der Welt gerade dabei, das Pariser Abkommen zu ratifizieren. Wenn diese Regierungen ihrer Verpflichtung treu bleiben und die Politik der Verringerung ihrer Kohlenstoffemissionen umsetzen, ist das nach meiner Meinung ein erster Schritt, die Erde um Vergebung zu bitten.

Auf nichtstaatlicher Ebene ergreifen viele Gemeinden Maßnahmen, um den Schaden, den der Mensch der Erde zugefügt hat, zu vermindern. Die Transition-Town-Bewegung ist ein inspirierendes Beispiel für Menschen, die Verantwortung für den Übergang von einem auf fossilen Brennstoffen basierenden Lebensstil zu einem auf erneuerbaren Energien basierenden Lebensstil übernehmen. Die Transition-Bewegung umfasst nach eigenen Angaben fast 400 Städte und Gemeinden in aller Welt, die Initiative ergreifen, um ihre Abhängigkeit von ausbeuterischen und schädlichen Systemen zu verringern. In Devon, wo ich lebe, war Totnes die erste Stadt dieser Art, und ich konnte einen Wandel nicht nur in der Einstellung, sondern auch in der Lebensweise beobachten, der zu einer demütigeren und dankbareren Beziehung zu unserem Heimatplaneten geführt hat. Diese Demut ist an sich schon ein Weg, die Erde um Vergebung zu bitten.

Richtige Beziehungen, radikale Liebe und bedingungslose Hingabe sind die Früchte einer tiefen Grundüberzeugung, dass das Leben voller Paradoxien, Dilemmata und Entscheidungen ist, die uns in entgegengesetzte Richtungen ziehen. In solchen Situationen müssen wir uns über die Widersprüchlichkeiten der Gegensätze erheben und durch die Praxis des Gleichmuts nach einem Zustand des Gleichgewichts streben. Auf diese Weise werden wir besser gerüstet sein, ein Leben in eleganter Einfachheit zu führen. Lassen Sie uns im nächsten Kapitel am Tanz der Gegensätze teilhaben.

Wenn man es nicht einfach erklären kann,
versteht man es noch nicht richtig.

Albert Einstein

11

Tanz der Gegensätze

Leben und Tod sind eins,
wie der Fluss
und das Meer eins sind.

Kahlil Gibran

Die Einfachheit des Geistes kann nur durch ein Gefühl von Gelassenheit in jeder Lage erreicht werden. Das Ende des Herbstes und der Beginn des Winters ist eine besondere Zeit, die Schwelle zur dunklen Jahreszeit. Wir sollten mit einem offenen Geist und Herzen in diese Winterzeit gehen. Wir sollten die Dunkelheit willkommen heißen. Dies ist die Zeit des Winterschlafs, eine Zeit der Ruhe und Verjüngung. Wir sollten uns die langen Nächte zu eigen machen: am Feuer sitzen, uns Geschichten vorlesen, gemeinsam singen und tanzen. Diese Dinge lassen sich leichter tun, wenn es dunkel ist. Die Dunkelheit ist nichts, wovor man sich fürchten muss. Wenn wir lange Tage und helle Abende haben, wollen wir spazieren gehen oder im Garten arbeiten, aber wenn die Abende lang und dunkel sind, können wir uns in die Sphäre der Phantasie begeben. Wir können Gedichte schreiben oder *Krieg und Frieden* lesen. Ja, das Licht ist willkommen, aber die Dunkelheit ist ebenso willkommen. Viele Menschen sprechen von Erleuchtung. Aber wir können auch über Eindunkelung sprechen. Das ist die Kunst, die Gegensätze in Einklang zu bringen.

Wenn es draußen im Wald dunkel ist, haben diejenigen von uns, die sich vor Gespenstern oder Naturgeistern fürchten, Angst, dorthin zu gehen. Aber es gibt keinen Grund, sie zu fürchten. Wenn wir sterben, werden wir auch zu Geistern und schließen uns den Naturgeistern an. Geister werden zu Freunden, wenn wir keine Angst vor ihnen haben. Naturgeister, der menschliche Geist und andere Geister sind Teil desselben Energiefeldes. Geister kommunizieren nicht mit jedem. Wenn du in der Lage bist, Geister zu orten, dann hast du etwas Besonderes in deiner Aura! Ob du nun die Anwesenheit von Geistern erlebst oder nicht, wir alle müssen in der Gegenwart der Dunkelheit leben. Wir alle müssen uns mit der Dunkelheit anfreunden. Nur in der Dunkelheit können wir uns wirklich erholen. Die Dunkelheit ist eine Zeit der Erneuerung. Wenn ich viele Stunden bei Tageslicht gearbeitet habe, sehne ich mich nach der Dunkelheit. Ich schalte das Licht aus und mache den Raum dunkel. Wenn Licht von der Straße kommt, ziehe ich den Vorhang zu, um den Raum dunkler zu machen. Wenn alle Fenster, Rollläden und Türen geschlossen sind, kann ich mich entspannen. Die letzten Fensterläden, die sich schließen, sind meine Augenlider, und wenn diese geschlossen sind, schlafe ich.

Wenn wir schlafen, holt sich unser Körper die Energie zurück, die er tagsüber abgegeben hat. Bei Licht verbrauchen wir Energie – beim Gärtnern, Kochen, Lernen, Spazierengehen, Arbeiten und Spielen. Den ganzen Tag über verbrauchen wir eine Menge Energie. Wir müssen diese Energie wiedergewinnen. Das können wir nur in der Dunkelheit.

Geistige Erneuerung findet ebenfalls in der Dunkelheit statt. Die Mystiker nennen es die dunkle Nacht der Seele. Wenn wir emotionale Schwierigkeiten, seelische Probleme oder eine spirituelle Krise durchleben, dann befinden wir uns metaphorisch gesehen in der dunklen Nacht. Wenn wir diesen Zustand der Dunkelheit mit Gleichmut annehmen können, gehen wir gestärkt aus ihm hervor. In solchen »dunklen Nächten« nutzen wir unsere Vorstellungskraft, unseren Glauben und die Meditation, um die Krise zu bewältigen, ohne an ihr zugrunde zu gehen. Jede Krise ist eine Chance. Wir können die Krise unserer Zweifel und Verzweiflung nutzen, um uns wieder mit unserem tieferen Selbst zu verbinden.

Die meisten von uns haben bereits eine persönliche oder innere Krise durchgemacht oder werden sie noch durchmachen. Der erste Schritt, um die Krise in eine Chance zu verwandeln, besteht darin, zu erkennen: »Ich bin in einer Krise.« Sich seines Geisteszustandes bewusst zu werden, ist der Beginn des Heilungsprozesses. Der nächste Schritt besteht darin, sich die Zeit und den Raum zu gönnen, um über die Ursachen und Bedingungen zu meditieren, die zu der Krise geführt haben. Meditation ist die beste Medizin für den Geist. Etymologisch gesehen leiten sich die Worte *Meditation* und *Medizin* von der gleichen lateinischen Wurzel, *midure*, ab, was so viel bedeutet wie »aufmerksam sein«. Wenn wir unserem Körper Aufmerksamkeit schenken müssen, nehmen wir eine Medizin, wenn wir unserem Geist Aufmerksamkeit schenken müssen, meditieren wir. Achtsamkeit ist ein Schritt auf dem Weg zur Bewusstheit über uns selbst und zur Bewusstheit über die Ursachen unserer Krise. Dann erkennen wir bald, dass die Ursachen unserer inneren Krise das Ego, der Ehrgeiz, der Wunsch nach Kontrolle, das Festhalten an unserem materiellen oder intellektuellen Besitz und das Verlangen nach Macht, Position, Geld und Status sind.

Die Krise des Planeten hat ähnliche Ursachen. Die Menschheit ist zu der Überzeugung gelangt, dass wir die Natur kontrollieren können, dass wir über Ozeane und Wälder, Flüsse und Tiere herrschen können. Ja, wir können auf dem Mond landen, wir können Atomwaffen bauen. Aber in unserer tiefen Meditation erkennen wir, dass wir nicht sehr mächtig sind. Wir sind nicht so mächtig wie ein Tornado oder so stark wie ein Wirbelsturm. Selbst ein starker Regen kann uns in die Schranken weisen. Wir müssen demütig sein und die Kraft der Natur respektieren. Um die Umweltkrise zu bewältigen, müssen wir im Einklang mit der natürlichen Welt leben. Wir haben nicht das Sagen über die Erde, wir haben keine Kontrolle über die Natur. Es ist an der Zeit, dass wir lernen, uns in Demut zu üben.

So, wie wir in der äußeren Welt Tsunamis und Stürme erleben, toben manchmal auch Tsunamis und Stürme in unserer inneren Welt. In diesen Zeiten müssen wir Mitgefühl für uns selbst und für den Planeten Erde entwickeln. Die Krise unter den Teppich zu kehren, ist keine Lösung. Jede Krise ist ein Ruf nach Aufmerksamkeit. Wir müssen sie mit Würde, Anmut und Dankbarkeit behandeln. Alle Krisen, seien sie äußerlich oder innerlich, entstehen aus einer Abkopplung. Die Lösung solcher Krisen ist die Wiederverbindung. In der Meditation müssen wir uns auf unsere tiefe und unerschütterliche Einheit und Verbundenheit mit der äußeren Welt der Natur und der Menschen sowie die innere Welt der Seele einlassen.

In Indien legen wir, wenn wir uns begegnen, unsere beiden Hände zusammen und sagen »Namaste«. Das bedeutet: »Ich verbeuge mich vor dir.« Wenn wir unsere Handflächen zusammenlegen, schaffen wir eine Verbindung. Wir machen zwei zu einem. So, wie zwei Handflächen eins werden, werden du und ich eins. Die Gegensätze kommen zusammen. Die Dualität von einem ist die Einheit von zwei. Was gegensätzlich zu sein scheint, ist in Wirklichkeit zusammengehörig. Wie oben, so unten. Das Männliche und das Weibliche ergänzen sich ebenso wie das Dunkle und das Helle, das Negative und das Positive. Die Gegensätze schaffen zusammen Ganzheit und Vollständigkeit. Wenn das Jahr nur aus Sommer und hellem Licht bestünde, wäre es langweilig. Es ist gut, dass wir dunkle Tage haben, die einen Ausgleich schaffen. Das ist das schöne Muster der Natur. Jede Jahreszeit ist gut; zusammen ergeben sie ein Ganzes.

Gesundheit ist wichtig, aber auch die Krankheit hat ihren Sinn. Nur ein lebendiger Körper kann Kopfschmerzen haben; ein toter Körper kann keine Kopfschmerzen haben. Wenn wir krank sind, haben wir die Möglichkeit zu schlafen, zu ruhen, uns zu entschleunigen. Wenn jemand krank ist, hat die Familie die Möglichkeit, zusammenzukommen, dem Kranken zu helfen und sich um ihn und umeinander zu kümmern. Wenn wir nie krank wären und nie jemanden bräuchten, hätte niemand die Möglichkeit, uns zu helfen. Krankheit ist eine dunkle Zeit. Sie ist eine Gelegenheit, im Bett zu bleiben und den Körper sich selbst heilen zu lassen.

Wir bewegen uns zwischen zwei Landschaften: der äußeren Landschaft der physischen und natürlichen Welt sowie der inneren Landschaft der metaphysischen und spirituellen Welt. Wir leben zwischen Bäumen, Flüssen und Bergen, wo wir Stürme, Überschwemmungen und Erdbeben aushalten. In ähnlicher Weise leben wir in unserem Geist, in unseren Emotionen und Gefühlen, wo wir Krisen erleben: Wut, Angst, Zweifel, Niedergeschlagenheit und Depression. So, wie wir in der äußeren Landschaft in der Naturschönheit leben, leben wir in der inneren Landschaft der Liebe. Wir müssen Verwirrung und Gewissheit, Zweifel und Glauben, Dunkelheit und Licht, Verwirrung und Klarheit, Rauheit und Glätte, Schmerz und Freude, Gewinn und Verlust, Erfolg und Misserfolg akzeptieren. Wenn wir alles akzeptieren und Gleichmut kultivieren können, dann sind wir in der Lage, mit großer Leichtigkeit über das Meer des Lebens zu segeln.

Dies ist der Tanz des Lebens, symbolisiert durch Yin und Yang: ein Kreis, der halb schwarz und halb weiß ist. Im Schwarzen ist ein weißer Fleck, und im Weißen ist ein schwarzer Fleck. Es ist ein perfektes Symbol für Ganzheitlichkeit. Nichts ist gänzlich dunkel und nichts ist gänzlich hell. Wenn wir also im Licht sind, sollten wir uns an die Dunkelheit erinnern, und wenn wir in der Dunkelheit sind, sollten wir uns an das Licht erinnern. In der indischen Ikonographie gibt es eine göttliche Form, die halb männlich, Shiva, und halb weiblich, Shakti, ist, das Yin und Yang in einem Körper. Jeder Mann hat das Weibliche in sich, und jede Frau hat das Männliche in sich. Das männliche und das weibliche Prinzip wirken zusammen. Sie tanzen gemeinsam. Dies ist die Bewegung von Dunkelheit und Licht, Innen und Außen, Männlich und Weiblich, Materie und Geist. Es ist eine Manifestation des Gleichgewichts. Das ganze Universum tanzt diesen Tanz der Gegensätze.

Geburt und Tod bilden zusammen die Ganzheit des Lebens. Der Tod bringt Erneuerung. Wir brauchen keine Angst vor dem Tod zu haben. Denken Sie nie, dass der Tod schlecht, schmerzhaft oder schwierig ist. Der Tod ist befreiend und verwandelnd. Der Tod ist nicht das Ende des Lebens. Der Tod ist die Tür zu neuem Leben. Der Geist ist ewig. Das Leben ist ewig. Warum sollten wir dann den Tod fürchten? So, wie wir den Frühling und die Geburt begrüßen, sollten wir auch den Winter und den Tod willkommen heißen.

Als kleiner Junge von vier Jahren war ich schockiert über den Tod meines Vaters. Im Alter von neun Jahren verließ ich mein

Zuhause, um ein Leben ohne Tod zu suchen, aber jetzt habe ich erkannt, dass es ohne Tod keine Geburt gibt. Der Tod ist nichts Negatives, der Tod ist genauso unausweichlich wie die Geburt. Von der Geburt an beginnen wir, den Mount Everest des Lebens zu erklimmen, im Tod erreichen wir den Gipfel. Wie können wir das Erreichen des Höhepunkts fürchten? Der Tod ist eine Befreiung: Wir werden von unserem kränkelnden und alternden Körper befreit. Wir sind befreit von Wut, Angst und Kummer, von Stolz, Vorurteilen und Leidenschaften, von Zweifel, Depression und Verzweiflung. Warum sollten wir eine solche Freiheit nicht froh ergreifen?

Meine Mutter pflegte zu sagen: »Wenn du dich gebrechlich und schwach fühlst und spürst, dass dein Leben zu Ende geht, dann gehe dem Tod entgegen, anstatt darauf zu warten, dass er zu dir kommt.« Als sie schon fast 80 und gebrechlich war und nicht mehr gut sehen und hören konnte, sagte sie: »Nein, ich will keine Brille oder ein Hörgerät.« Eines Morgens nahm sie ihren Gehstock in die Hand, ging zu ihren Töchtern und Söhnen und sagte zu ihnen: »Von heute an werde ich bis zum Tod fasten. Wenn ich etwas gesagt habe, was verletzend war, oder wenn ich etwas getan habe, was unangebracht war, dann möchte ich euch um Verzeihung bitten.« Sie bat ihre Freunde und ihre Großfamilie um Vergebung. Dann ging sie wieder nach Hause und blieb in ihrem Zimmer. Die Nachricht verbreitete sich: »Anchi Devi fastet sich zu Tode.« Die Menschen kamen von nah und fern, saßen bei ihr und sangen heilige Lieder. Sie dankten ihr für ihre Freundlichkeit. Fast einen Monat lang lebte sie nur von abgekochtem Wasser. In dieser Zeit wurde gefeiert, musiziert, gesungen, um Vergebung gebeten, Vergebung erteilt und Abschied genommen. So starb sie friedlich und glücklich.

Ihr Leichnam wurde auf eine schöne Sänfte gelegt. Es gab eine Prozession zum Verbrennungsplatz. Das Geld, das sie noch hatte, wurde an die Armen verteilt. Der Scheiterhaufen wurde aus neun verschiedenen Holzarten gebaut, darunter Sandelholz und

Kokosnuss für einen guten Duft. Das Feuer wurde von ihrem ältesten Sohn angezündet, und alle blieben, bis der Körper zu Asche geworden war. Am nächsten Tag sammelte ihre Familie die Asche ein, die später in den Ganges gestreut wurde. Ihre Asche löste sich im Wasser des Flusses auf, floss in den Ozean, verdunstete in den Wolken und fiel dann als Regen auf die Erde. So wurde jeder Teil von ihr recycelt. Der Körper meiner Mutter war Teil des Universums geworden, Teil des Kreislaufs von Leben und Tod.

Im Alter von 88 Jahren erkrankte mein Lehrer Vinoba Bhave an einem schweren Magengeschwür. Seine Freunde brachten ihn ins Krankenhaus. Der Arzt untersuchte ihn und sagte: »Das ist ein sehr fortgeschrittenes Geschwür, wir können es operieren, aber die Erfolgsaussichten sind nur 50 zu 50. Sie müssen uns die Erlaubnis für die Operation geben.« Vinoba sagte: »In meinem Alter möchte ich mich keiner so großen Operation unterziehen. Ich werde bis zum Tod fasten.« Er war so gebrechlich, dass er nur sieben Tage durchhielt. Aber diese sieben Tage waren voller Feierlichkeiten. Die indische Premierministerin Indira Gandhi kam, um ihm während des Fastens die Ehre zu erweisen. 50.000 Menschen kamen zu seiner Beerdigung. Zu dieser Jahreszeit war der große Fluss Paramdham, der an Vinobas Ascheplatz vorbeifloss, ausgetrocknet, so dass das Flussbett, in dem sein Leichnam eingeäschert wurde, voller Menschen war. Später, während des Monsuns, floss der Fluss wieder und trug Vinobas Asche ins Meer.

Das Fasten bis zum Tod ist eine bemerkenswerte Art des Sterbens und wird von den religiösen Gemeinschaften der Hindus und Jains gutgeheißen. In der Gita heißt es: Was tun wir, wenn die alten Kleider abgenutzt sind? Wir werfen die alte Kleidung weg und ziehen neue an. Der Körper ist wie ein Kleidungsstück: Wenn er alt und gebrechlich ist, stirbt er, und dann werden wir einen neuen Körper annehmen. Der Geist stirbt nie. Nur durch den Tod wird das Leben erneuert.

In der indischen Tradition haben wir nicht die Vorstellung, dass der Tod schlecht und das Leben gut sei und wir deshalb die Menschen um jeden Preis am Leben erhalten müssen. Der Tod ist so gut wie das Leben, und das Leben ist so gut wie der Tod. Geburt und Tod sind komplementär, sie sind die zwei Seiten derselben Medaille. Wenn es keine Geburt gibt, gibt es auch keinen Tod; und wenn es keinen Tod gibt, gibt es auch keine Geburt. Auf der Reise des Lebens gibt es den Zeitpunkt der Geburt, den Eintritt in dieses Leben, und den Zeitpunkt des Todes, der den Austritt aus diesem Leben bedeutet. Kommen und Gehen sind ein Kontinuum. Wie Eckhart Tolle sagte: »Leben ist nicht das Gegenteil von Tod, das Gegenteil von Tod ist Geburt.« Geburt und Tod sind ein Tanz der Gegensätze auf der Bühne des ewigen Lebens.

Wenn wir Holz in einem Kamin verbrennen, gibt das Holz sein Leben, um uns warm zu halten; es stirbt und wird zu Asche. Wir streuen diese Asche um einen Baum herum. Die Asche wird kompostiert und in Erde verwandelt. Aus der Erde wird dann der Baum. Der Baum wächst, reift und fällt. Er wird wieder zu einem Baum. Eigentlich ist das Holz nie wirklich gestorben, es hat sich nur immer wieder verwandelt. Dieselbe Holzasche hätte man auch auf ein Kartoffelbeet streuen können. Dann hätte die Asche die Saatkartoffeln genährt, und es wären viele Kartoffeln gewachsen: Die Holzasche nährte die Kartoffeln, die Kartoffeln nährten uns Menschen. Jetzt sind wir Menschen, wiedergeboren aus Holz.

Das Wort *Mensch (human)* kommt von *Humus*, was »Boden« bedeutet. Der Mensch ist ein Bodenwesen. Unsterbliches Leben manifestiert sich in sterblichen, materiellen Formen, die sich im ewigen Kreislauf von Zeit, Raum und Bewusstsein bewegen. Nichts ist statisch, fest oder starr. Alles ist dynamisch und zyklisch. Das Dasein ist ewig, aber alle physischen Formen sind unbeständig und verändern sich ständig. Was gegensätzlich, binär, widersprüchlich und kompliziert erscheint, ist in Wahrheit sich ergänzend und einvernehmlich. Um diese einfache Wahrheit zu verstehen und wertzuschätzen, müssen wir das Oberflächliche durchschauen.

Für mich ist das Leben einfach, warum machen wir es so kompliziert? Wir müssen uns das Leben nicht selbst schwermachen, indem wir uns in scheinbare Trennungen und Spaltungen verstricken. Wir können uns einfach der Erkenntnis hingeben, dass die Vielfalt der Materie in der Einheit des Geistes wurzelt. Diese tiefere Wirklichkeit kann durch Tiefenschau erfahren werden. Im nächsten Kapitel werden wir die Bedeutung der Tiefenschau erkunden.

Wo immer Geradlinigkeit ist, ist Leben. Wo Verbogenheit ist, istTod. Unser Körper, unser Geist und unsere Sprache sollten gerade und einfach sein.

Vinoba Bhave

12

Tiefenschau

Klar zu sehen ist Poesie,
Prophezeiung und Religion,
alles in einem.

John Ruskin

Einfach zu leben bedeutet, tief zu schauen. Es gibt einen großen Unterschied zwischen beobachten, schauen und sehen. Was im Sanskrit als *Darshan* bezeichnet wird, könnte man mit *tiefes Schauen* übersetzen – *das Schauen* dessen, was jenseits der Erscheinungen liegt.

Als ich jung war, ging ich in den Darshan von Guru Tulsi, meinem Jain-Lehrer. Ein Mönch wird in Sanskrit *muni* genannt, was »einer, der schweigt« bedeutet, und der Schüler wird *shrawak* genannt, was »einer, der zuhört« bedeutet. Der Lehrer ist schweigsam und der Schüler hört zu. Es gibt eine subtile Verbindung zwischen tiefem Zuhören und Tiefenschau. Wenn wir der Stille lauschen, entwickeln wir die Fähigkeit, mit unserem Dritten Auge zu sehen. Wir hören über den Klang hinaus, um das Klanglose zu hören, und wir gehen über die Form hinaus, um das Formlose zu sehen. Normalerweise sehen wir Dinge mit unseren beiden Augen und hören Worte mit unseren beiden Ohren, aber Mönche sind darin geschult, über Bilder hinaus zu sehen und über Worte hinaus zu hören.

Wenn ich zum Darshan ging, saß ich dem Guru gegenüber. Etwa eine Stunde lang wurde kein einziges Wort gesprochen. Ich saß einfach nur da. Wenn ich nicht bei meinem Guru war, dann saß ich vielleicht in einem Tempel vor der Statue einer Gottheit. Ich saß und meditierte. Der *shrawak* lauscht dem heiligen Klang des Om ohne Worte. Es ist einfach ein Klang, der im Inneren widerhallt. Zu Beginn der Praxis rezitierte ich Om laut, aber bald hieß es, ich solle die Artikulation des Klangs weglassen und auf das Echo von Om in meinem Inneren hören.

Darshan bedeutet, das Bild jenseits der physischen Form zu sehen, das Unaussprechliche zu erfahren – reinen Frieden, reines Licht und reine Energie. Dieser Prozess ist vergleichbar mit der Arbeit eines Künstlers. Wenn Künstler malen oder zeichnen, steigen sie tief in das Thema ein, sie sehen etwas, das über die physische Form hinausgeht. Infolgedessen schwindet die Trennung zwischen dem Gegenstand und dem Künstler. Der Beobachter und das Beobachtete werden eins. In diesem Zustand wird der Künstler zu einem »Seher«, einem Weisen. Ein Seher praktiziert Darshan. Ein Seher wird *darshanik* genannt – derjenige, der darshan gibt und derjenige, der darshan empfängt. Im Darshan gibt es keine Trennung zwischen der Gottheit und dem Verehrer, zwischen dem Guru und dem Schüler, dem äußeren Gott und dem inneren Gott, dem äußeren Guru und dem inneren Guru.

Ein wahrer Seher ist in der Lage, mit dem Dritten Auge zu sehen wie Lord Shiva. Es ist die Fähigkeit, über die materielle Welt hinaus in die nicht-materielle Welt des Formlosen zu blicken. Von der Form zur Formlosigkeit und zurück in die Form zu gelangen, ist eine spirituelle Reise.

Die Buddhisten sagen: »Tor, Tor, paragate, parsamgate, Bodhi Swaha«, was so viel bedeutet wie »gegangen und wieder gegangen, jenseits gegangen, völlig jenseits gegangen, in die Erleuchtung«. Durch Tiefenschau löst sich die Welt der Oberflächlichkeit auf. Die authentische Welt der wahren Wirklichkeit kommt zum Vorschein. An diesem Punkt gibt es ein Strahlen, das aus der Einheit von Materie und Geist kommt. Dieses tiefe Schauen beendet alle Zweiheit und Trennungen.

Derjenige, der in der Lage ist, vollkommen und vollständig zu sehen, ohne sich in die Zweiheit der Welt zu verstricken, ist ein Visionär. Der Visionär sieht mit dem Auge der Weisheit, dem Auge des Herzens, dem dichterischen Auge. Jonathan Swift sagte: »Vision ist die Kunst, das zu sehen, was für andere unsichtbar ist.« Dichter sehen alles, weil sie mit dem Auge der Phantasie, dem

Dritten Auge, sehen. Weisheit entsteht durch Tiefenschau und tiefe Erfahrung.

Mit unserem Intellekt eignen wir uns Wissen an, mit unseren Ohren und Augen nehmen wir Informationen auf, aber mit dem Dritten Auge erleben wir Einheit und Gleichmut.

In Worten und Bildern können wir eine Teilwahrheit erfassen, aber wenn wir Augen und Mund schließen und über die Information hinausgehen, öffnen wir uns der Möglichkeit, die ganze Wahrheit zu erfahren. Wissen ohne Erfahrung ist profan und oberflächlich. Wissen mit Erfahrung ermöglicht es uns, die Welt in ihrer Ganzheit und Heiligkeit zu sehen. In der heutigen Welt gibt es viel Wissen, aber wenig Sinn für das Heilige, wenig Sinn für die Ganzheit. Hochgebildete Menschen haben keinen Sinn für das Heilige, keine Weisheit und kein Mitgefühl. Wissen, das auf der Grundlage von Darshan aufgebaut ist, ermöglicht es der Menschheit, in Ehrfurcht und Weisheit ganzheitlich zu handeln. Darshan vermittelt die Einsicht, dass das Leben der Tiere, der Pflanzen, der Felsen, der Flüsse, der Menschen: dass alles Leben heilig ist.

Die Universitäten lehren akademisches Wissen, Fakten und Daten, aber keine Visionen. Akademiker sind selten Visionäre; sie sind zwar belesen, aber es gibt nur wenige Seher unter ihnen. Sie sollten ihre Bücher zuklappen und ihre Bildschirme ausschalten, dann ihre Augen schließen und die Ganzheit des Lebens visualisieren – mit dem Auge des Herzens sehen, dass alles miteinander verbunden, aufeinander bezogen und voneinander abhängig ist. Durch Darshan schauen wir auf die Welt und sehen sie als Ganzes.

Wenn wir nur mit unseren beiden Augen sehen, sehen wir alles als voneinander getrennt. Der Baum ist vom Boden getrennt, der Vogel, der auf einem Ast sitzt, ist vom Baum getrennt, die Bienen, die herumschwirren, sind von den Blumen getrennt, die Menschen sind von der Natur getrennt. Eine solche oberflächliche Wahrnehmung hat die Geschichte von Trennung hervorgebracht. Eine neue Geschichte ist die Geschichte der Einheit und Wiedervereinigung allen Lebens.

Seher sehen Bäume und Vögel als miteinander verwandt an. Die Vögel ernähren sich von den Früchten der Bäume und nisten in ihnen, denn ohne Bäume können die Vögel nicht existieren. Die Bäume werden durch den Kompost des Vogelkots genährt. Bienen können nicht existieren, wenn es keine Blumen gibt, und ohne die Bestäubung durch die Bienen können auch die Blumen nicht existieren.

Der Mensch kann ohne Bäume nicht existieren. Wie können wir ohne den Sauerstoff-Kohlenstoff-Kreislauf der Bäume überleben? Die Bäume wirken Tag und Nacht für uns. Wenn es keine Bäume und Bienen gäbe, würden auch die Menschen nicht existieren. Keine Bienen, keine Bestäubung, keine Nahrung, kein Leben. Einstein sagte: »Wenn die Bienen von dieser Welt verschwinden, wird das menschliche Leben nicht länger als vier Jahre weiterbestehen.« Einstein war ein Seher, er erkannte die grundlegende existenzielle Einheit allen Lebens.

Alles koexistiert. Da alles aus denselben Elementen besteht – Erde, Luft, Feuer und Wasser – sind wir eins. Wenn wir tief schauen, erkennen wir, dass wir alle miteinander verbunden sind. Wir stehen in einem Geflecht von Beziehungen, und brechen wir diese Bande, sind wir in Gefahr. Wir haben ein heiliges Band mit den Bäumen, Bienen, Vögeln, Flüssen, Bergen und Wäldern. Wir haben sogar ein heiliges Band mit den Regenwürmern! Sie arbeiten Tag und Nacht unter der Erde. Wenn es die Würmer nicht gäbe, hätten wir kein Essen auf dem Tisch. Regenwürmer arbeiten tatsächlich 24 Stunden am Tag, um den Boden in guter Verfassung zu halten. Sie tun dies ohne Bezahlung und ohne Urlaub und halten den Boden fruchtbar. Wir säen die Saat, denn die Regenwürmer haben den Boden bereitet, um unsere Nahrung wachsen zu lassen und uns mit Nährstoffen zu versorgen. Ein indischer Wissenschaftler hat berechnet, dass ein Regenwurm in seinem Leben sechs Tonnen Erde umwandelt. Das zeigt: Wenn wir genug Regenwürmer haben, brauchen wir kaum Wendepflüge oder Traktoren!

Regenwürmer helfen, Nahrung zu produzieren, um unseren Körper zu nähren, aber wir brauchen auch Nahrung, um unsere Seele zu nähren. Ein Gefühl für das Heilige, ein Gefühl für die Einheit des Lebens und Mitgefühl für alle Lebewesen nährt die Seele. Das Nähren der Seele und das Nähren des Körpers sind untrennbar verbunden. Wenn unser Körper nicht genährt wird, kann unsere Seele nicht genährt werden, wenn unsere Seele nicht genährt wird, wird unser Körper nicht genährt.

Wir kennen diese Wahrheit durch Darshan, durch Tiefenschau. So haben sich alle Philosophien und alle Wissenschaften entwickelt. Beobachtung erfordert Geduld, wir müssen langsamer werden. Newton musste warten, bis der Apfel am Baum reif war. Als der Apfel reif war, löste er sich leicht vom Ast und fiel herunter. Newton beobachtete ihn mit voller Aufmerksamkeit und entdeckte die Schwerkraft.

Wie Newton bewies auch der Buddha große Geduld. Auch er saß unter einem Baum und beobachtete ihn lange Zeit. Wolken kamen und brachten Regen, um den Baum zu nähren, und Vögel kamen, um sich dort niederzulassen und von seinen Früchten zu essen. Der Buddha beobachtete, dass der Baum jedem seine Früchte gab, ohne Unterschied. Er sah bedingungsloses Mitgefühl, Liebe und Großzügigkeit im Baum verkörpert. Der Buddha entdeckte Mitgefühl, indem er einen Baum anschaute!

Der mit Früchten beladene Baum fragt nie: »Bist du mit deiner Kreditkarte gekommen?« Wer auch immer zu dem Baum kommt, bekommt die Früchte umsonst. Jung oder alt, reich oder arm, schwarz oder weiß, heilig oder sündig, Mann oder Frau, Mensch oder Tier, Vogel oder Wespe, alle sind willkommen. Alle können Früchte haben.

Als der Buddha unter dem Baum saß, beobachtete er diese Verflechtung des Ganzen, und er erlebte den Darshan der Natur. Er sah, dass die Natur heilig ist. Die Frucht opfert sich, um den Menschen, den Tieren, den Vögeln, den Bienen und den Wespen Nahrung zu geben. Deshalb sind Bäume heilig. Deshalb nennt man sie auch den Baum des Lebens, den Baum der Erkenntnis, den Baum der Weisheit, den sprechenden Baum. Der Baum spricht in Stille. Der Buddha vernahm seine Weisheit. Durch Tiefenschau, durch tiefes Sehen, durch den Darshan des Baumes wurde der Buddha erleuchtet.

Darshan verwandelt das Gewöhnliche in das Außergewöhnliche. Wenn wir einen Baum nur mit unseren beiden Augen sehen, sehen wir nur Holz und Äste, Blätter und Blüten: einen nützlichen Mechanismus zur Umwandlung von Sauerstoff und Kohlendioxid und gut für Feuerholz. Aber wenn wir einen Baum mit unserem Dritten Auge sehen, wird dieser gewöhnliche Baum zu einem heiligen Baum. Dann wird der Baum zu unserem Lehrer. Wer Erleuchtung sucht, kann unter einem Baum sitzen und Selbstverwirklichung finden. Darshan verwandelt einen Berg oder einen Fluss in einen Gott oder eine Göttin, die Erde wird zum Himmel, ein Stück Stein wird zu einer Skulptur, einem lebenden Shiva, und ein Bild im Holz wird zu einem erleuchteten Buddha.

Darshan verwandelt unser Bewusstsein, unsere ganze Art, die Welt zu sehen. Der Theologe Thomas Berry erlebte Darshan, als er sagte: »Das Universum ist keine Ansammlung von Objekten, es ist eine Gemeinschaft von Subjekten.« Gott ist nicht jemand, der von uns getrennt ist, der sechs Tage lang gearbeitet und die Welt erschaffen hat und dann am siebten Tag ruhte. Die hinduistische Vorstellung von Gott ist, dass das Universum selbst eine Verkörperung Gottes ist, ein Tanz Shivas, ein kosmisches Spiel. Wir können den Tänzer nicht vom Tanz trennen. Das ganze Universum ist göttlich. Jedes Blatt, jeder Grashalm, jeder Wurm, jede Wespe, jede Blume, jede Frucht, jedes Kind, alles ist ein göttlicher Tanz. Emerson sagte: »Verliere nie eine Gelegenheit, das Schöne zu sehen, denn Schönheit ist die Handschrift Gottes.«

William Blake war in der Stimmung des Darshan, als er schrieb: »Die Welt in einem Sandkorn sehen und den Himmel in einer wilden Blume, die Unendlichkeit in der Handfläche halten und die Ewigkeit in einer Stunde.« Blake betrachtete ein Sandkorn und sah die ganze Welt in ihm! Die metaphysische Dimension ist nicht von der physischen Dimension getrennt, vielmehr sind physisch und meta-physisch zwei Aspekte einer einzigen Realität. Mit den zwei Augen sehen wir das Physische, und mit dem Dritten Auge öffnen wir uns und sehen das Metaphysische. Rumi sagte: »Hör auf, dich so klein zu machen, du bist das Universum in ekstatischer Bewegung.«

Darwin untersuchte Regenwürmer, was zur weiteren Erforschung der Natur der Lebewesen führte. Durch Tiefenschau erkannte er, dass sich alle Lebewesen aus derselben Quelle entwickelt haben und wir daher alle miteinander verbunden sind. Dies war sowohl eine spirituelle als auch eine intellektuelle und rationale Einsicht.

In der modernen Welt wurde das Lernen auf das Messbare reduziert. Was gemessen werden kann, ist wichtig; was nicht gemessen werden kann, existiert nicht. Das glauben die meisten Menschen, weil ihr Blick sich auf die physische Realität beschränkt. Deshalb brauchen wir Darshan: um etwas jenseits der physischen und messbaren Realität zu sehen; um die spirituelle Dimension zu sehen. Materie und Geist sind nicht getrennt; es gibt keine Trennung. Geist und Materie sind miteinander verwoben. Materie kann nicht existieren, ohne von Geist durchdrungen zu sein. Mein Körper wäre nutzlos, wäre er nicht ein lebendiger Körper. Der menschliche Geist lässt den menschlichen Körper lebendig werden. Wir werden beseelt, wir werden Teil der *anima mundi*, der Weltenseele. Seele und Körper zusammen machen uns zu dem, was wir sind. Wenn es keine Seele, keinen Geist, keine Vorstellungskraft gibt, dann ist der bloße Körper ein toter Körper. Das einzige, was man mit ihm tun kann, ist, ihn in einen Sarg zu legen. Die Materie braucht den Geist, um belebt zu werden. Der Geist braucht die Materie, um sich zu manifestieren. Seele, Geist, Vorstellungskraft und Bewusstsein sind die metaphysische Realität, die durch die physische Realität wirkt.

Ich könnte nicht schreiben, wenn ich nicht diese beiden Hände hätte, um den Stift zu halten und ihn auf dem Papier zu bewegen. Doch Hände allein können nicht schreiben, sie brauchen die Vorstellungskraft. Aber der Körper und die Vorstellungskraft sind nicht zwei getrennte Dinge. Es gibt keine Zweiheit, sie sind völlig miteinander verwoben. Diejenigen, die nur Materialisten sind, übersehen etwas, und diejenigen, die nur Spiritualisten sind, übersehen auch etwas. Aber wer mit dem Dritten Auge sehen kann, erkennt die Einheit von Geist und Materie. Der theoretische Physiker David Bohm nannte es Ganzheit oder implizite Ordnung.

Mit der Ganzheit kommt die Heilung. Ohne Ganzheit gibt es keine Heilung. Wenn wir gebrochen, getrennt und geteilt sind, sind wir krank. Wenn wir ganz sind, dann sind wir geheilt. Wenn wir geheilt sind, dann sind wir glücklich. Der Sinn des Lebens ist es, glücklich zu sein. Und glücklich zu sein bedeutet, ganz zu sein. So einfach ist das. Aber zu wissen, wie man glücklich ist, ist nicht so einfach. Wir brauchen also Darshan, tiefe Einsicht, um zu wissen, wie wir glücklich sein und jede Handlung in eine Quelle des Glücks verwandeln können.

Zum Beispiel muss Kochen keine lästige Pflicht sein, es kann eine Freude sein. Wenn ich in die Küche gehe, sage ich: »Ahh, ich werde etwas kochen, was für ein Vergnügen! Ich werde etwas Köstliches zubereiten.« Wenn ich in den Garten gehe, sage ich: »Wow, was für ein schöner Tag. Die Sonne scheint, ich werde frische Luft atmen, die Erde berühren, Samen pflanzen und an den Blumen riechen.« In dem Moment, in dem wir anfangen, uns an unserem Tun zu freuen, wird das Tun zu einer Quelle des Glücks. Das Leben wird transformiert. Wir können uns über die Dualität von Gut und Böse erheben und in einen Zustand des Gleichmuts gelangen.

Rumi sagte: »Irgendwo jenseits der Vorstellungen von Richtig und Falsch gibt es ein Feld. Dort werde ich dich treffen.« Dies ist ein wunderbares Beispiel für Darshan. Mit Darshan befinden wir uns in einem Zustand der Glückseligkeit – sogar in schwierigen Zeiten. Ein Mensch mit Darshan nimmt das Rauhe mit dem Glatten und betrachtet das Rauhe und das Glatte als Teil des jeweils anderen. Leonard Cohen sang über diese Wahrheit: »There is a crack, a crack in everything / that's how the light gets in.« (*Es gibt einen Sprung, einen Sprung in allem, so gelangt das Licht hinein.*)

In diesem Kapitel habe ich die einfache, aber tiefgründige Idee des Darshan erforscht, die uns hilft, den scheinbar unüberbrückbaren Gegensatz des Dualismus zu überbrücken – den Dualismus von physisch und metaphysisch, von materiell und spirituell, von rauh und glatt. Aber eine der lästigsten Dichotomien, einer der schwierigsten und unüberbrückbar erscheinenden Gegensätze ist der zwischen Wissenschaft und Spiritualität. Wenn wir mit der Idee des Darshan gut gerüstet sind, können wir diese Dualität ohne Schwierigkeit überwinden. Im nächsten Kapitel werde ich mich mit dieser komplexen Frage der Beziehung zwischen Wissenschaft und Spiritualität befassen und nach einfachen Antworten suchen.

Ein unordentliches Haus ist ein Zeichen für ein unordentliches Leben und einen unordentlichen Geist.

R.D. Laing

13

Einheit von Wissenschaft und Spiritualität

Wissenschaft ist nicht nur kompatibel mit Spiritualität; sie ist die eigentliche Quelle der Spiritualität.

Carl Sagan

Um die Philosophie der eleganten Einfachheit zu verkörpern, müssen wir uns mit der Beziehung zwischen Wissenschaft und Spiritualität befassen. Manche Menschen denken, dass Wissenschaft und Spiritualität polare Gegensätze sind, aber sind sie das? In der Wissenschaft geht es um Dinge, die man messen kann, und in der Spiritualität um Dinge, die man nicht messen kann. Im Leben sind beide miteinander verwoben. Sehen Sie sich unseren Körper an. Wir können das Gewicht, die Länge, die Breite, die Struktur und die Anatomie des Körpers messen. Aber wir haben auch Intelligenz. Wie können wir Intelligenz messen? Wir können einige IQ-Tests machen, aber wir können nie wirklich messen, wie viel Intelligenz wir haben. Dann gibt es noch Gefühle, wie die Liebe zu unseren Freunden und unserer Familie. Können wir Liebe messen? Bei der Spiritualität geht es also um das, was nicht gemessen werden kann. Wir müssen messen, was gemessen werden kann, aber wir müssen auch die Tatsache akzeptieren, dass es Dimensionen im Leben gibt, die nicht gemessen werden können.

Es gibt wissenschaftliche Theorien wie Komplexität, Chaos, Gaia und Evolution, die der Spiritualität nahekommen. Insbesondere die Quantenphysik überbrückt die Kluft zwischen Sinnhaftigkeit und Messung. Wenn man der Quantität einen Sinn gibt, wird Quantität zum Quantum. Auf der Quantenebene enden alle Trennungen. Wir sind alle miteinander verwandt und auf der Energieebene verbunden. Der Sinn des Daseins ist folglich unmanifestiert und unsichtbar und daher spirituell. Einige meiner Freunde aus der Wissenschaft glauben, dass das Bewusstsein der Quantenphysik nahesteht, weil auf der Ebene der Quantenmechanik alle Manifestationen Potential sind. Der Sinn des Bewusstseins ist ebenfalls dasselbe: Es gibt, bevor sich die Realität manifestiert, ein unmanifestiertes Potential. In der spirituellen Terminologie nennen wir es Bewusstsein, in der wissenschaftlichen Terminologie nennen wir es Quantenmechanik.

Wir können Materie messen, aber wir können den zugrundeliegenden Sinn nicht messen. Wenn ich einen Artikel schreibe, kann ich sagen, dass er 800 Wörter umfasst und auf eine Seite passt. Ich kann die Wörter zählen, und ich kann messen, wie viel Platz sie einnehmen, aber die Bedeutung der Wörter und die Qualität des Geschriebenen kann nicht gemessen werden. Ich kann die Bedeutung fühlen und spüren, aber ich kann sie nicht messen. Worte haben eine physische Realität, aber ihre Bedeutung ist metaphysisch. Das Gesetz hat zwei Aspekte: den Buchstaben des Gesetzes und den Geist des Gesetzes. Alles hat eine physische Realität und eine metaphysische Realität. Wir haben den menschlichen Körper und den menschlichen Geist. Wir brauchen Materie und wir brauchen Geist. Sie bilden eine einheitliche Wirklichkeit. Das eine kann nicht ohne das andere existieren. Es gibt keine Trennung oder keinen Dualismus zwischen dem Physischen und dem Metaphysischen oder zwischen dem Materiellen und dem Geistigen.

Die Wissenschaft gibt uns rationale, logische, empirische, messbare und reproduzierbare Werkzeuge und Technologien an die Hand, die wir brauchen, um im Leben zurechtzukommen. Die Spiritualität gibt uns Liebe, Mitgefühl, Großmut und einen Sinn für Gegenseitigkeit. Auch das brauchen wir.

Ohne die spirituelle Dimension – Werte, Visionen, Ethik und Ästhetik – kann die Wissenschaft uns auf Irrwege führen. Wenn es keine Werte gibt, von denen sie sich leiten lässt, endet die Wissenschaft in der Produktion von Atomwaffen. Würde Spiritualität die Handlungen von Wissenschaftlern leiten, dann würden sie zehnmal nachdenken, bevor sie Kriegswaffen und andere Zerstörungswerkzeuge erfinden. Warum haben wir eine globale Erwärmung? Weil die Wissenschaftler im Interesse des kommerziellen und industriellen Establishments gearbeitet haben, ohne Ausrichtung an spirituellen Werten. Deshalb haben ihre wissenschaftlichen und technologischen Innovationen zu planetarischen Krisen wie der Klimazerrüttung geführt.

Die moderne Landwirtschaft zum Beispiel ist wissenschaftlich, aber sie verursacht etwa 18 Prozent der Treibhausgase. Wenn die Landwirtschaft von spirituellen Werten geprägt wäre, sähe die Situation ganz anders aus.

Spirituelle Landwirtschaft, etwa biodynamische Landwirtschaft, Agrarökologie und Permakultur, betonen den Wert des lebendigen Bodens und der Artenvielfalt. Die industrielle, »wissenschaftliche« Landwirtschaft hingegen legt auf nichts anderes wert als die Menge an Nahrungsmitteln, die mit einem Minimum an Arbeitsaufwand produziert wird. Die moderne Agrarindustrie verwendet Mähdrescher, riesige Traktoren, Düngemittel, Herbizide, Pestizide und gentechnisch verändertes Saatgut, weil ihr die spirituellen Werte fehlen: Ehrfurcht vor dem Boden und den Tieren. In der wissenschaftlichen Landwirtschaft ist Nahrung nichts Heiliges mehr. Sie ist einfach eine Ware für den Profit. Kein Wunder, dass Millionen von Kühen, Schweinen und Hühnern unter grausamsten Bedingungen in Massentierhaltung gehalten werden, wo sie in ihrem ganzen Leben nie das Tageslicht erblicken. Dies ist nur ein Beispiel dafür, dass Wissenschaft und Technik ohne spirituelles Ethos schädliche Ergebnisse hervorbringen. Wir brauchen unbedingt spirituelle Werte in unserer Landwirtschaft!

Auch wenn es Wissenschaftler gibt, die sich der Spiritualität verschrieben haben und sich für das Wohl des Ganzen einsetzen, steht ein Großteil der Wissenschaft im Dienst von Gier, Krieg, Verschwendung, Umweltverschmutzung, Ausbeutung und Ungerechtigkeit. Das muss sich ändern: Die Wissenschaft soll den Interessen und Bedürfnissen der Menschheit und des Planeten Erde dienen.

Einstein, einer der größten Wissenschaftler des 20. Jahrhunderts, sagte: »Wissenschaft ohne Religion ist blind, Religion ohne Wissenschaft ist lahm.« Ohne Wissenschaft hinken wir. Wir können sehen, was gut ist, aber wir können unsere Vision nicht umsetzen. Deshalb müssen sich spirituelle und religiöse Menschen die Wissenschaft zu eigen machen.

Menschen, die eine tiefe Spiritualität entwickelt haben, zögern oft, sich mit den Problemen der materiellen Welt auseinanderzusetzen. Das ändert sich allmählich, aber lange Zeit waren manche Gesellschaften gut in Meditation und Yoga, Philosophie und Poesie, doch ohne wissenschaftliche Forschung und Methodik litten sie unter Hunger, Entbehrungen und materieller Armut. Spiritualität ohne Wissenschaft ist also wirklich lahm.

Spiritualität und Religion ohne Wissenschaft führen zudem oft zu Fundamentalismus. Hinduistischer, buddhistischer, christlicher oder islamischer Fundamentalismus entsteht immer dann, wenn wissenschaftliches, rationales, messbares und logisches Denken abgelehnt wird. Spiritualität ohne Empirie krankt an blindem Glauben. Menschen mit blindem Glauben sehen oder glauben nur das, was in ihrem heiligen Buch steht. Sie nehmen jedes Wort in der Bibel oder im Koran, in der Thora oder in der Gita als das Wort Gottes an. Sie glauben, dass es nur eine Wahrheit gibt und dass sie im Besitz dieser Wahrheit sind. Alle müssen ihrer Wahrheit folgen. Sie leugnen die Vielfalt und Verschiedenheit der Wahrheiten. Sie werden zu Missionaren und tun alles, um Menschen anderer Konfessionen zu ihrer Religion zu bekehren. Natürlich gibt es auch weitherzige und großzügige religiöse Menschen, die eine wissenschaftliche Sichtweise vertreten, aber sie sind in der Minderheit. Institutionalisierte Religionen leiden vielfach unter Dogmatismus, Fundamentalismus und ihrem Alleinvertretungsanspruch, weil sie nicht bereit sind, die Verschiedenheit der Wahrheiten und die Vielfalt der Religionen zu akzeptieren und zu respektieren.

Wissenschaft braucht also Spiritualität und Spiritualität braucht Wissenschaft. Sie brauchen sich gegenseitig. Und es gibt keinen Widerspruch. Es gibt keinen Konflikt zwischen Wissenschaft und Spiritualität. Die Wissenschaft ergänzt die Spiritualität und die Spiritualität ergänzt die Wissenschaft. Die Spiritualität gibt uns eine Vision und Werte. Die Wissenschaft gibt uns Werkzeuge und Techniken. Wir brauchen beides. Dies ist eine ganzheitliche und umfassende Denkweise, in der alles seinen Platz hat, solange es im richtigen Verhältnis zueinander steht und im Gleichgewicht ist. Zum Beispiel haben Tag und Nacht das richtige Gleichgewicht. Auch wenn es im Sommer lange Tage und im Winter lange Nächte gibt, besteht insgesamt ein Gleichgewicht. Die gleiche Art von Gleichgewicht ist zwischen Wissenschaft und Spiritualität erforderlich. Um dieses Gleichgewicht zu erreichen, brauchen beide, Gläubige und Wissenschaftler, einen Schuss Demut und Großmut.

Spiritualität und religiöse Erfahrungen haben nichts mit einem bestimmten Glaubenssystem zu tun. Glauben bedeutet, den Geist zu verschließen. In dem Moment, in dem ich sage: »Ich glaube an Gott« oder »Ich glaube an Reinkarnation« oder »Ich glaube an die Auferstehung« oder »Ich glaube an die Jungfrauengeburt« oder dieses oder jenes, habe ich meinen Geist verschlossen.

Bei der Spiritualität geht es um Liebe, nicht um Glaubenssätze. Spirituell Suchende sind immer auf einer Reise, auf einer Pilgerfahrt, auf der Suche nach Wahrheit und Erleuchtung. Es gibt keinen Ort, an dem sie sagen könnten: »Ich habe die Antwort gefunden.« Spiritualität ist ein Prozess, eine Forschungsreise, kein Ziel. Das gleiche gilt für die Wissenschaft: Sie ist eine sich ständig fortsetzende Suche. Wissenschaftler suchen nach der Wahrheit. Sie sagen nicht: »Das ist das Ende, wir haben unser Ziel erreicht, es ist keine weitere Forschung nötig.« Leider sagen manche Wissenschaftler: »Darwin war das letzte Wort.« Sie verschließen ihren Geist und werden zu Gläubigen. Wenn man gläubig wird, hört man auf, seine Intelligenz und seine Wahrnehmung zu nutzen, um aus der Welt um einen herum und aus den Erfahrungen, die man macht, zu lernen. Dann hat man den Weg der Wissenschaft *und* den Weg der Spiritualität verlassen.

Sowohl in der Wissenschaft als auch in der Spiritualität sind wir immer auf der Suche nach neuen Erkenntnissen und neuer Weisheit, die uns von Dogmen, Starrheit und festen Überzeugungen befreien. Wissenschaft und Spiritualität, Physik und Metaphysik, Chemie und Mitgefühl, Geist und Materie können und müssen miteinander tanzen. Damit dieser Tanz stattfinden kann, habe ich eine Dreieinigkeit für unsere Zeit formuliert. Damit die Menschheit in Harmonie mit der Natur leben, für die menschliche Seele sorgen und weltweit Frieden und Gerechtigkeit für alle menschlichen Gesellschaften schaffen kann, müssen wir unsere Aufmerksamkeit dem *Boden*, der *Seele* und der *Gesellschaft zuwenden*. Vor einiger Zeit habe ich ein Buch mit eben diesem Titel geschrieben, und da sich meine Vorstellungen weiterentwickelt haben, werde ich im folgenden letzten Kapitel einen Überblick über diese Ideen geben.

Das Leben ist einfach,
aber wir bestehen darauf,
es kompliziert zu machen.

Konfuzius

Boden, Seele und Gesellschaft

Wir leben in einer vernetzten Welt und in einer vernetzten Zeit, also brauchen wir ganzheitliche Lösungen für unsere miteinander zusammenhängenden Probleme.

Naomi Klein

Um ein Leben in eleganter Einfachheit zu führen, müssen wir drei Bereichen unserer Existenz Aufmerksamkeit schenken: unserem Boden, unserer Seele und unserer Gesellschaft.

In jedem Zeitalter wurden drei Wörter verwendet, die den Geist der jeweiligen Zeit ausdrückten. Das Motto der Französischen Revolution war *Liberté, egalité, fraternité*. Damit wurde erfasst, worum es der Revolution ging. Es war eine gute Dreifaltigkeit, aber sie erwähnte nicht die Beziehung zwischen Mensch und Natur; sie erwähnte auch nicht die Spiritualität. Es war lediglich eine soziale und politische Dreifaltigkeit.

Die christliche Tradition kennt eine geistige Dreifaltigkeit: Vater, Sohn und Heiliger Geist. Sie stellt keine Verbindung zu irgendeiner gesellschaftlichen Dimension her. Und sie lässt die ökologische Dimension außen vor. Das neue Zeitalter hat auch eine Dreifaltigkeit – Körper, Geist und Seele –, die jedoch weder unsere Beziehung zur Natur noch unsere Beziehung zur Welt der Menschen berücksichtigt. Es ist eine persönliche Dreifaltigkeit – meine Seele, mein Körper, mein Geist – und es geht darum, sie gesund und im Gleichgewicht zu halten.

Es gibt auch die amerikanische Dreifaltigkeit: Leben, Freiheit und das Streben nach Glück. Aber es geht um das menschliche Leben, die menschliche Freiheit und das Streben nach menschlichem Glück. Wenn ich in die USA reise, sage ich zu den Menschen: »Ihr strebt schon seit Hunderten von Jahren nach Glück. Warum *seid* ihr nicht einfach glücklich, anstatt nach Glück zu streben!«

Diese jeweiligen Trinitäten drücken die Bedürfnisse der Menschen aus, die sie zu einem bestimmten historischen Zeitpunkt hatten. Jetzt befinden wir uns im Zeitalter der Ökologie. Das

21. Jahrhundert ist das Jahrhundert der Ökologie. Das 20. Jahrhundert war das Jahrhundert der Wirtschaft: Freihandel, WTO, Globalisierung, Weltbank, IWF und multinationale Konzerne waren die führenden Kräfte. Alle Regierungen waren von Wirtschaft besessen. Schulen und Universitäten bereiteten junge Menschen darauf vor, sich in das Wirtschaftssystem einzufügen. Die Folgen dieses Wirtschaftsparadigmas sind für die Umwelt katastrophal. Der Planet Erde befindet sich in einem desolaten Zustand. Das 21. Jahrhundert muss also das Jahrhundert der Ökologie werden. Die Regierungen und die Medien, die Industrie und die Bildungseinrichtungen fangen an, den Regenwäldern, der Wildnis, dem Wasser und dem Boden Aufmerksamkeit zu schenken. Für das Jahrhundert der Ökologie brauchen wir also eine neue Trinität. Und es sollte eine ganzheitliche Dreifaltigkeit sein. Sie muss die ökologische, die spirituelle und die soziale Dimension umfassen. Deshalb schlage ich eine neue Trinität für unsere Zeit vor: Boden, Seele und Gesellschaft.

Im Lateinischen heißt Erde *Humus*. Von dieser Wurzel stammen die Begriffe Mensch (*human*) und Demut (*humility*). Wenn ich sage, ich bin ein Mensch, bedeutet das, ich bin aus dem Boden, aus der Erde. Deshalb sind wir Menschen dem Boden nicht überlegen, wir sind aus dem Boden gemacht. Der Boden ist wahrhaftig demütig; er bleibt immer unter unseren Füßen, ist niemals über unserem Kopf. So, wie der Boden demütig ist, müssen auch wir Menschen demütig sein. Wenn wir unsere Demut verlieren, verlieren wir unsere Menschlichkeit. Das Einssein mit der Natur, mit der Erde und mit dem Boden ist unsere wichtigste menschliche Eigenschaft.

Die urbane Zivilisation hat die Menschen vom Humus, vom Boden entkoppelt. Das Wort *Zivilisation* kommt von *civic*, der ummauerten Stadt. In Europa haben wir eine Zivilisation, die sich in Städten wie Florenz, Wien, Prag, Venedig, Paris, Rom und London entwickelt hat. Im Sanskrit, der Sprache des alten Indien, gibt es kein Wort für »Zivilisation.« Wir haben eine *Kultur*, die sich auf Feldern und in Wäldern entwickelt hat. Großartige Bücher über Philosophie, Dichtkunst und Geschichte wurden von Weisen, Dichtern und Philosophen geschrieben, die in den Wäldern lebten. Die indische Kultur ist eine Waldkultur. Sie ist in der Erde verwurzelt. In der Tat bedeutet das Wort *culture* im Altenglischen »Boden«.

Seit der Renaissance und dem Zeitalter der Aufklärung haben wir eine Weltsicht entwickelt, in der der Mensch die Krone der Schöpfung ist. Unsere urbane Zivilisation geht davon aus, dass Land, Tiere, Meere, Flüsse und Wälder nur dazu da sind, den menschlichen Bedürfnissen zu dienen, dass die Natur für den menschlichen Gebrauch und zu ihrem Nutzen da ist. Wenn wir uns die bodenständigen Kulturen der indigenen Völker oder die taoistischen, buddhistischen und hinduistischen Kulturen ansehen, stellen wir fest, dass dort der Mensch sich ebenso als Teil der natürlichen Welt sieht wie jede andere Spezies. Genauso wie Rassismus und Nationalismus unser Denken einengen, tut dies auch der »Speziesismus«. Wir beanspruchen besondere Privilegien und Rechte für den Menschen gegenüber anderen Arten. Um ganzheitlich und ökologisch zu sein, müssen wir frei von Speziesismus sein.

Speziesismus ist die Vorstellung, dass die menschliche Spezies die einzige bewusst lebende Spezies ist und andere Spezies keine Seele haben und dass daher die menschliche Spezies die überlegene sei. Diese Vorstellung lässt uns glauben, dass der Boden keine Seele hat, dass die Erde ein toter Gesteinsbrocken und die Natur ohne Bewusstsein sei. Dies ist ein grundlegender Irrtum unserer urbanen Zivilisation. Traditionelle Kulturen auf der ganzen Welt glauben, dass die Natur lebendig sei und dass es etwas gebe, das man Naturgeist nennt. Der Boden ist beseelt.

Wir nutzen den Boden, um unsere Lebensmittel anzubauen, unsere Kleidung herzustellen und unsere Häuser zu bauen. Durch diesen Vorgang wird der Boden ausgelaugt. Dann ist es unsere Pflicht, den Boden wieder aufzufüllen, indem wir ihn mit Kompost versorgen oder ihn ein Jahr oder länger brachliegen lassen.

Der Boden ist eine Metapher für alle Umwelt- und Naturzusammenhänge. Alles kommt aus dem Boden: Wälder, Nahrung, Häuser, Kleider, sie alle kommen aus der Erde. Unser Körper kommt aus dem Boden und kehrt zum Boden zurück. Der Erdboden ist die Quelle des Lebens. Zehn Zentimeter Oberboden tragen alles Leben. Gäbe es den Boden nicht, gäbe es kein Leben. Wenn wir den Boden schützen und uns um ihn kümmern würden, würde sich alles andere von selbst regeln. Der Boden ist der größte Kohlenstoffspeicher. Kohlenstoff wird im Boden wunderbar festgehalten. Derzeit ist der Boden arm an Kohlenstoff, weil wir ihn umgraben, pflügen und grenzenlos ausbeuten. Wir binden kaum noch Kohlenstoff. Deshalb wird der Boden immer lebloser. Wenn wir den Boden reich machen, ihn mit Kompost versorgen und ihn schonend behandeln, nicht zu viel umgraben und ihn nicht zu oft unbedeckt lassen, dann werden Kohlenstoff und Fruchtbarkeit wiederhergestellt. Die Speicherung von Kohlenstoff im Boden ist ein wunderbarer Weg, um die Auswirkungen der Klimazerrüttung abzumildern. Der Boden kann sogar mehr Kohlenstoff speichern als Bäume; das ist die Schönheit des Bodens.

In ihrem Buch *Soil Not Oil* (*deutsch: Leben ohne Erdöl*) klärt uns Vandana Shiva über die Qualitäten des Bodens auf und dass er buchstäblich der Grund allen Seins ist. Seit wir vom Öl abhängig sind, haben wir den Boden vergessen. Viele Dinge werden heutzutage aus Erdöl hergestellt. Unsere Kleidung aus Nylon und Polyester wird aus Öl hergestellt. Unsere Nahrung wird mit Erdöl produziert. Transport, Heizung, Beleuchtung und vieles andere hängt vom Öl ab. Wir sind nicht nur abhängig, sondern süchtig nach einer endlichen Quelle geworden. Was wird passieren, wenn das Öl zur Neige geht? Wir singen das Mantra Öl, Öl, Öl. Öl und Kohle, alle fossilen Brennstoffe, sind dunkle Energie; sie kommen aus der Unterwelt. Wir müssen von dieser höllischen Energie auf himmlische Energie, Sonnen-, Wind- und Wasserenergie umsteigen. Wir sollten den Erdboden wieder aufwerten. Wenn wir von Öl auf Erdboden übergehen, werden wir und der Planet Erde ein langes Leben haben.

Einmal besuchte ich Lady Eve Balfour, die Autorin von *The Living Soil*. Sie war die Gründerin der *Soil Association*. Sie führte mich durch ihren Garten. Es war Ende April. Der Garten blühte, Blumen und Gemüse standen in voller Pracht, während andere Gärten zu dieser Jahreszeit zu kämpfen hatten. Ich fragte sie: »Was ist das Geheimnis eines so wunderbaren Gartens? Was tun Sie?« Lady Eve antwortete: »Ich tue nichts, ich kümmere mich nur um den Boden. Der Boden kümmert sich um den Rest.«

Der Boden ist der Schlüssel. John Vidal, Umweltredakteur der Zeitung *The Guardian*, schreibt: »Als direkte Folge der Bodenerosion sind in nur 40 Jahren vielleicht schon 30 Prozent des weltweiten Ackerlandes unproduktiv geworden, was zu einem starken Rückgang der Vogel- und Tierwelt geführt hat. Der Boden ist die wertvollste aller Ressourcen, doch in einem Land nach dem anderen lässt man zu, dass er weggespült oder weggeweht wird.«

Die moderne Gesellschaft schätzt den Boden nicht. Sie schätzt Öl, Geld, Industrie und Infrastruktur, aber nicht den Boden. Der Boden steht auf der Agenda keiner Regierung. Schauen Sie sich die Reden von Parlamentariern und Politikern an – Millionen von Wörtern, aber das Wort *Boden* wird kaum vorkommen. Die Premierminister und Präsidenten der Welt sprechen selten über den Boden. Selbst Landwirtschaftsminister sprechen kaum vom Boden. Selbst die Umweltminister sprechen nicht über die Bedeutung des Bodens. Die Medien, Schulen, Universitäten, Wirtschaftsführer erwähnen das Wort *Boden* höchst selten. Aber wir müssen über den Boden sprechen. Wir müssen darüber reden, wie wir Kompost in den Boden bringen, wir müssen die Fruchtbarkeit des Bodens schützen. Wir müssen lernen, den Boden zu lieben. Der Boden ist die Königin der gesamten natürlichen Welt.

In ähnlicher Weise müssen wir unsere Seele neu aufladen. Beim Sprechen, Denken und Fühlen nutzen wir stets unsere Seelenqualitäten. Wann immer wir ängstlich oder glücklich, froh oder besorgt sind, betrifft es die Energie unserer Seele. Wir müssen also Wege finden, die Seele, die Psyche, wieder aufzufüllen und zu heilen. Aus diesem Grund haben alle spirituellen Traditionen unterschiedliche Techniken zur Heilung der Seele entwickelt.

Meditation ist eine solche Technik. Meditation ist eine Form des achtsamen Lebens. Es bedeutet, aufmerksam zu sein, ruhig zu sein, gelassen zu sein, zu schweigen, still zu sein und in Gleichmut zu leben. Wenn wir uns des Zustands unseres Geistes bewusst sind, können wir gelassener und standhafter werden. Wir können mit innerer Stärke durch schwierige Zeiten gehen. Wir entwickeln Mitgefühl, Freundlichkeit und Großmut. Diese Qualitäten bringen Freude, Erfüllung und Glück in unser Leben.

In der Meditation treffen sich die äußere Welt und die innere Welt. Boden und Seele vereinen sich. Körper und Geist, Materie und Seele verbinden sich. Spirituelle Arbeit und soziale Arbeit kommen zusammen. Manche Menschen sagen: »Oh, ich bin Aktivist. Ich habe keine Zeit für Meditation, ich habe keine Zeit für spirituelle Praxis. Ich will einfach bloß Aktivist sein.« Ein Aktivist zu sein ist gut, aber um effektive Aktivisten zu sein, müssen wir in uns selbst stark sein. Ohne innere Widerstandskraft kann der äußere Aktivismus nicht lange aufrechterhalten werden, und wir werden bald ausbrennen. Wenn wir uns die großen Aktivisten ansehen, stellen wir fest, dass sie ihre spirituelle Praxis hatten. Martin Luther King und Mahatma Gandhi sind zwei der vielen Beispiele für Aktivisten, die Spiritualität mit politischem und sozialem Aktivismus verbinden. Ganz gleich, wie beschäftigt Gandhi war, die morgendlichen und abendlichen Meditationen ließ er nie aus. Martin Luther King versäumte nie seine Gebete. Meditation und Gebet bedeuten, dass man sich Zeit für sich nimmt. Wenn wir uns nicht um uns selbst kümmern, wer soll sich dann um uns kümmern? Warum sollten wir erwarten, dass sich jemand anderes um uns kümmert, wenn wir uns selbst vernachlässigen?

Sich um sich selbst zu kümmern, ist nicht egoistisch. Wenn du dich gut ernährst, bist du gestärkt, und dann kannst du hinausgehen und andere ernähren. Haben Sie jemals gesagt: »Oh, ich habe keine Zeit zum Mittagessen, ich arbeite daran, die Welt zu retten?« Nein. Retten Sie durchaus die Welt, aber retten Sie zuerst sich selbst. Wenn Sie in einem Flugzeug sitzen und es einen Notfall gibt, müssen Sie zuerst sich selbst eine Sauerstoffmaske aufsetzen, dann können Sie sich um Ihren Nachbarn kümmern. Sich um sich selbst zu kümmern, ist die Voraussetzung, für andere sorgen zu können. Die anderen sind nichts anderes als Sie selbst. Sich um sich selbst zu kümmern, bedeutet nicht, dass man egozentrisch ist.

Du bist ein Mikrokosmos des Makrokosmos. Das ganze Universum ist in deinem »Selbst.« Das ist Big-Mind-Denken, *anima mundi*, die Weltenseele. Die Weltenseele und unsere persönliche Seele sind nicht getrennt. Sie sind miteinander verbunden. Die *anima mundi*, die Weltenseele ist das Höchste, die *Anima* des Individuums ist das Innigste. Wenn wir uns nicht um unser Innenleben kümmern, wie können wir uns dann um das große Ganze kümmern? Das große Ganze und das Innere sind demnach zwei Aspekte der einen Realität. Deshalb müssen Umweltschützer und Friedensstifter auf ihr persönliches Wohlbefinden achten; sie müssen sich um ihre Seele kümmern. Es gibt eine Seele im Boden, es gibt eine Seele im Baum. Alles hat eine Seele. Wir haben diese Wahrheit vergessen. So, wie der Boden der Schlüssel für die äußere Landschaft ist, ist die Seele der Schlüssel für die innere Landschaft. Thomas Moore, ein amerikanischer Psychologe und Autor von *Care of the Soul*, behauptet, dass die menschliche Seele die Grundlage aller Aktivitäten, Vorstellungen und Ideen ist. Nur wenn wir für die Seele sorgen, können wir Menschen Erfüllung und Glück finden. Nichts kann im Leben erreicht werden, wenn die Seele hungert.

Für die Seele zu sorgen bedeutet, sich selbst zu erkennen. Wer bin ich? Was ist der Sinn meines Lebens? Wofür bin ich hier auf dem Planeten Erde? Wie ist meine Beziehung zur Welt, zu meinen Freunden, zu meiner Familie, zu meinen Kollegen? All diese Fragen sind Seelenfragen. Wir brauchen Zeit, um uns diese Fragen jeden Tag zu stellen. Wir brauchen Zeit für Kontemplation und

Reflexion. Wir brauchen Zeit, um wir selbst zu sein, Zeit, um mit anderen in Beziehung zu treten. Die Seele sehnt sich nach richtigen Beziehungen. Der Körper ist ein Vehikel für Seelenbeziehungen. Wir umarmen jemanden mit unserem Körper, aber in Wahrheit ist es die Seele, die uns umarmt. Wenn es keine Seele gibt, dann gibt es keine Liebe, keine Freundschaft. Dann ist unsere Umarmung leer.

Wir müssen unsere Seele nähren. So, wie wir unseren Körper mit Reis, Gemüse, Brot und Suppe ernähren, müssen wir unsere Seele mit Freundschaft, mit Liebe und Mitgefühl, mit Schönheit und Kunst, mit Singen und Malen, mit Phantasie und Meditation, mit Stille und Einsamkeit nähren. Dies ist Nahrung für die Seele. Wenn wir unsere Seele nicht nähren, leiden wir. Warum gibt es so viele Depressionen, so viele psychische Probleme, häufige Konflikte in den Beziehungen zwischen Mann und Frau, zwischen Kindern und Eltern? All diese Beziehungsstörungen und psychischen Probleme sind eine Folge davon, dass wir uns nicht um unsere Seele kümmern. Wir kümmern uns um unseren Körper. Wir haben große Häuser, große Gehälter, große Autos, Fernseher und Computer für unseren Körper, aber wir haben keine Zeit für die Seele, keine Zeit für die Liebe, keine Zeit zum Meditieren, keine Zeit für die Kinder. Wir verwenden so viel Aufmerksamkeit und Energie darauf, Dinge zu *haben*, dass keine Zeit bleibt, wir selbst zu *sein*.

Wir füttern den Körper dreimal am Tag. Wir sorgen uns um die Kleidung des Körpers. Wir arbeiten jeden Tag stundenlang hart, um den Körper zu versorgen, aber wir bringen sehr wenig Zeit auf, die Seele zu nähren und zu pflegen. Die Seele strebt nach Glück.

Durch körperliche Aktivitäten wie Tanzen, Spazierengehen, Gärtnern, Singen, Kochen und Werken machen wir uns glücklich. Durch körperliche Aktivitäten erreichen wir die Seele, und so unterstützen sich Körper und Seele gegenseitig dabei, Glück zu finden.

Wir müssen lernen, mit uns selbst zufrieden zu sein. Glücklichsein ist unser Geburtsrecht. Wir sollten niemandem erlauben, uns unser Glück zu stehlen. Sollen sie doch unser Geld, unser Auto, unseren Computer stehlen, aber nicht unser Glück, denn Glück ist der Schlüssel zur persönlichen Nachhaltigkeit, die ebenso wichtig ist wie die ökologische Nachhaltigkeit. Wenn wir in unserem persönlichen Leben nicht nachhaltig sind, wie kann es dann Nachhaltigkeit in der Welt geben?

Das Wohlergehen des Bodens und der Seele muss sich auch auf das Wohlergehen der Gesellschaft erstrecken. Dies ist nur möglich, wenn wir unsere Gesellschaft nach den Grundsätzen der Menschenwürde, der Gleichheit und der sozialen Gerechtigkeit organisieren. Wie kann es richtig sein, dass einige Menschen 20.000 oder 50.000 Hektar Land besitzen, während andere in Armut leben müssen? In Australien müssen manche Landwirte mit einem Hubschrauber von einem Ende ihres Landes zum anderen fliegen, weil eine Farm so groß sein kann wie der Bundesstaat Texas. Das ist nicht die Ordnung, die uns die Natur gegeben hat. Es ist eine ungerechte Ordnung, die von Menschen geschaffen wurde. Unser Gesellschaftssystem muss auf Gerechtigkeit, Nachhaltigkeit und Spiritualität beruhen. Wenn wir in einer ungerechten Gesellschaft leben, ist es nicht einfach, in unserem persönlichen Leben Spiritualität zu praktizieren.

Das Wort *Spirit* kommt von *spirare* – »atmen«. Der Wissenschaftler Richard Dawkins sagte einmal zu mir: »Mr. Kumar, ich glaube nicht an Spiritualität.«

Ich antwortete: »Professor Dawkins, glauben Sie nicht an das Atmen?«

Er sagte: »Was meinen Sie?«

Ich sagte: »Spiritualität bedeutet atmen. Sie und ich atmen zusammen. Das ist Spiritualität. Wir teilen denselben Atem. Wenn wir unsere Geliebten lieben, wenn wir uns in den Armen halten, atmen wir zusammen. Wir sind alle eins. Wir sind durch das Atmen miteinander verbunden.«

Das Leben wird durch den Atem aufrechterhalten. In dem Moment, in dem wir dieses Gefühl des gemeinsamen Atems haben, ein Gefühl für die Beziehung zur Welt, haben wir Spiritualität.

Die großen spirituellen Qualitäten wie Leidenschaft, Liebe, Großzügigkeit und das Dienen werden in liebevollen Beziehungen praktiziert.

Spiritualität kann in einer Massengesellschaft oder in einer Unternehmenswelt, in der der Mensch ein Rädchen im Getriebe ist, kaum existieren. Wie können wir Spiritualität praktizieren oder eine Beziehung haben, wenn wir unsere Nachbarn nicht kennen? In Großstädten wie Paris, New York, Tokio oder Mumbai treffen sich die Nachbarn nie, wie können sie also Spiritualität praktizieren? Um sinnvolle Beziehungen zu haben, brauchen wir kleine Gemeinschaften und müssen unsere Gesellschaft nach menschlichem Maß organisieren. Auch wenn es in den Großstädten schwierig ist, Spiritualität zu praktizieren, können wir durch die Entwicklung von Nachbarschaft Gemeinschaften bilden, füreinander sorgen und uns über eine isolierte und individualisierte Existenz hinausbewegen. Die Städte müssen umgestaltet und in ein Netzwerk von Nachbarschaften verwandelt werden.

Eine Gesellschaft nach menschlichem Maß ist ein spirituelles Gebot. Mahatma Gandhi plädierte für eine dezentrale, lokale, dörfliche Wirtschaft in kleinem Maßstab, denn in kleinen Gemeinschaften können wir füreinander sorgen. Wir können eine Beziehung zueinander haben. Wir können gemeinsam atmen.

Wir müssen ein soziales System schaffen, das gleichberechtigt und gerecht ist. Im Moment ist unsere Gesellschaft unnatürlich gestaltet. Schauen Sie sich die natürliche Welt an: Dort erfahren Tiere, Vögel und Wälder keine Ungerechtigkeit. Alle Tiere, von den kleinsten bis zu den größten, von der Mücke und dem Regenwurm bis zum Elefanten und Löwen, werden jeden Tag von den natürlichen Systemen genährt, bewässert und geschützt. Ist das nicht ein wundervolles System? Tiere haben keinen Premierminister, keinen Präsidenten, keinen Schatzkanzler, kein Parlament, keine Gefängnisse, keine Gerichte und keine Kriege. Sie sind ein sich selbst organisierendes, selbstkorrigierendes und selbstverwaltendes natürliches System. Der Tiger im Wald und der Regenwurm im Boden leben zusammen. Der Tiger tut dem Regenwurm nie weh. Wenn ein Tiger einmal gefressen hat, jagt er kein anderes Tier mehr. Er wird schlafen. Ein Reh kommt vorbei, und der Tiger wird es nicht verletzen – ein Tiger jagt nur, um sich zu ernähren, nicht um Nahrung im Kühlschrank aufzubewahren. In der Gemeinschaft von Tigern gibt es keine Gier.

Schauen Sie sich dagegen die menschliche Gesellschaft an: Sie ist nicht darauf ausgelegt, dass alle Menschen zu essen und zu wohnen haben. Millionen von Menschen gehen ohne Nahrung, ohne Obdach und ohne Wasser zu Bett, während andere Lebensmittel verschwenden und mehr Kleidung besitzen, als sie jemals tragen können. Die Reichen leben in großen Häusern, während die Armen obdachlos sind.

Laut einer Analyse der Regierung verschwenden wir in Großbritannien fast 40 Prozent der Lebensmittel. Lebensmittel im Supermarkt, die ihr Haltbarkeitsdatum überschritten haben, landen auf einer Mülldeponie und verursachen Treibhausgase. Die Supermärkte geben diese Lebensmittel nicht hungrigen Menschen, weil das illegal wäre. Das ist die Art Rechtssystem, das wir haben: Es ist legal, Lebensmittel wegzuwerfen, aber es ist illegal, die Hungernden zu ernähren! Unsere Gesellschaft ist sehr unfair und ungerecht. Unsere Wirtschaftsordnung ist schlecht konzipiert. Sie hält Ungleichheit und die Ausbeutung der Schwachen aufrecht. In einer ganzheitlichen Vision für das 21. Jahrhundert müssen wir unser wirtschaftliches, soziales und politisches System so umgestalten, dass niemand mehr hungern muss. Niemand muss fettleibig sein, niemand muss hungern, es werden keine Lebensmittel verschwendet, und nicht verbrauchte Lebensmittel werden kompostiert und der Erde zurückgegeben. Verschwendung sollte verboten werden.

Der größte Fluch der modernen Industriegesellschaft ist Verschwendung und Müll. Wir entnehmen der Natur kostbare Ressourcen, bauen sie in Minen, auf Feldern und in Wäldern ab, verwandeln sie in Verbrauchsgüter, nutzen sie und werfen sie dann auf eine Mülldeponie. Wir haben eine lineare Wirtschaft, die nicht die Wirtschaft der Natur ist. Wir müssen von der Natur lernen. Wir müssen eine Kreislaufwirtschaft schaffen. In der Natur ist alles zyklisch. Es gibt einen Kreislauf der Zeit, es gibt einen Kreislauf des Lebens. Alles in der Natur ist rund. Die Sonne ist rund, der Mond ist rund, die Erde ist rund, die Bäume sind rund. Unsere Köpfe sind rund. Auch die Wirtschaft sollte zyklisch sein. Alles, was wir der Natur entnehmen, sollte genutzt werden und dann in einer Form an die Natur zurückgegeben werden, die sie leicht wieder aufnehmen kann. Dann gibt es keinen Abfall. Das ist der gesunde Menschenverstand, aber leider ist der gesunde Menschenverstand nicht mehr üblich!

Ganzheitliches Denken bringt Boden, Seele und Gesellschaft als drei Aspekte eines großen Ganzen zusammen. Dies ist die neue Dreifaltigkeit unserer Zeit. Wenn wir uns auf einen einzigen Teilbereich konzentrieren, glauben wir, alles käme in Ordnung, wenn wir in der Welt nur ökologische Nachhaltigkeit erreichen könnten oder wenn nur alle Spiritualität praktizieren oder soziale Gerechtigkeit in der Welt erreichen würden. Aber diese Besessenheit von einem einzigen Thema bringt uns nicht sehr weit, denn sie ist zu eng gefasst. Alle diese Dinge sind miteinander verknüpft. Die Dreifaltigkeit von Boden, Seele und Gesellschaft bringt alles in einem Gesamtbild zusammen.

Wenn diese Dreifaltigkeit in einem guten Gleichgewicht ist, können wir eine sichere Zukunft für die gesamte Menschheit und die ganze Erde erreichen. Dann kann die Menschheit nicht nur hundert Jahren überleben, nicht für tausend Jahre, sondern für Jahrtausende. Dies ist möglich, wenn wir Menschen mit Leichtigkeit auf der Erde wandeln und ein Leben von eleganter Einfachheit führen im Zusammenspiel von Boden, Seele und Gesellschaft.

Es gibt nichts Besseres als Mäßigung.
Das ist das Kennzeichen gemäßigter Menschen:
Sie sind freimütig wie der Himmel,
fest wie ein Berg,
geschmeidig wie ein Baum im Wind.
Sie haben kein Ziel vor Augen,
und nutzen alles,
was das Leben ihnen zufällig in den Weg legt.

Laotse

Danksagung

Dieses Buch wäre ohne die Hilfe vieler Freunde und Mitarbeiter nicht möglich gewesen.

Zuallererst möchte ich June, meiner Frau und Lebensgefährtin seit 45 Jahren, meine tiefe Dankbarkeit aussprechen. Über viele Monate hinweg hat sie mit großer Geduld und Sorgfalt meine Manuskripte bearbeitet und korrigiert. Viele der Gedanken und Themen in diesem Buch sind aus unseren Gesprächen, die wir im Laufe der Jahre geführt haben, hervorgegangen. Danke, June.

Dieses Buch ist tatsächlich ein Familienprojekt, denn auch meine Tochter Maya hat sehr viel Zeit und Mühe in das Lesen dieses Buches gesteckt, ebenso wie in die Eingabe von Änderungen und die praktischen und philosophischen Verbesserungen. Vielen Dank, Maya.

Meine Kollegin Lynn Batten vom *Resurgence Trust* hat mir sehr geholfen, indem sie die Texte immer wieder mit akribischer Genauigkeit korrigiert und verbessert hat. Vielen Dank, Lynn.

Mein Dank gilt Elaine Green für ihre freundliche und kompetente Unterstützung in all den Jahren. Elaines ständige und regelmäßige Hilfe war von unschätzbarem Wert. Vielen Dank, Elaine.

Mein Kollege am Schumacher College, William Thomas, war hilfreich und aufmerksam bei der Aufzeichnung meiner Kamingespräche. Einige dieser Gespräche sind in diesem Buch verwendet worden. Diese informellen Unterhaltungen wurden von Lee Cooper transkribiert, der trotz seines vollen Probenplans und vieler anderer Verpflichtungen Zeit für dieses Projekt fand. Vielen Dank, William und Lee.

Ich bin Monica Perdoni zu großem Dank verpflichtet, deren umsichtige Ratschläge und tiefe Einsichten wesentlich zur Gestaltung dieses Buches beigetragen haben. Vielen Dank, Monica.

Nicht zuletzt habe ich die Zusammenarbeit mit New Society Publishers sehr genossen. Ich danke Ihnen, Rob West, und Ihrem gesamten Team für die prompte und effiziente Bearbeitung aller Angelegenheiten im Zusammenhang mit diesem Buch.

Satish Kumar

Über den Autor

© Geoff Dalglish

Satish Kumar ist ein langjähriger Friedens- und Umweltaktivist und ehemaliger Mönch, der seit über 50 Jahren im Stillen die globale Agenda des Wandels mitbestimmt. Nach einem 8.000 Meilen langen Marsch als Friedenspilger ließ er sich in Großbritannien nieder und wurde Herausgeber der Zeitschrift *Resurgence*, die er von 1973 bis 2016 leitete. Während dieser Zeit gründete er das Schumacher College in Devon, verfasste mehrere Bücher und legte den erfolgreichen Dokumentarfilm *Earth Pilgrim vor*. Er lebt in Devon, Großbritannien.

Weitere Bücher von Satish Kumar:

No Destination
You Are Therefore I Am
Spiritual Compass
Earth Pilgrim
The Buddha and the Terrorist
Soil, Soul, Society

Die Neue Erde manifestieren

Angesichts der Notlagen in der Welt – Krieg, Artensterben, Klimazerrüttung und mehr – ist heute nichts notwendiger, als das Bild einer glücklichen, lebenswerten und erfüllenden Zukunft erstehen und aus dieser Vorstellung heraus Wirklichkeit werden zu lassen: zu manifestieren. Dieses Buch entwirft eine Vision mit riesigem Wachstumspotential, und wir alle sind aufgerufen, unsere Welt von morgen bereits heute zu erträumen – und zu erschaffen.

Catharina Roland, Coco Tache
Das Manifest der Neuen Erde
Hardcover, 208 Seiten, durchgehend mit farbigen Fotos
ISBN 978-3-89060-824-2

Das Wunder des Lebens neu entdecken

Es gibt keine vorgeschriebene Reihenfolge, in der man die Landschaften erkunden sollte. Vielmehr sind die Leserinnen eingeladen, mit dem Gebiet zu beginnen, das sie am meisten anspricht – oder vielleicht mit dem, das sie am stärksten herausfordert. Jedes Gebiet ist mit den anderen verknüpft und beleuchtet sie. Die Leserinnen werden instinktiv zu den Praktiken gelangen, die sie am meisten brauchen. Während der gesamten Reise tauchen die Leser in eine Welt des Staunens und der Ehrfurcht ein und entdecken neue Möglichkeiten des Lernens und der Erweiterung des Alltagslebens.

Fabiana Fondevila
Wo das Wunderbare wohnt
Mit einem Vorwort von Bruder David Steindl-Rast
Klappenbroschur, 288 Seiten
ISBN 978-3-89060-816-7

Von der Ausplünderung zur Regeneration
Wenn wir von der Substanz leben, wirtschaften wir dann gut? – Natürlich nicht: Richtiges Wirtschaften bedeutet Haushalten.

Unser heutiges »Wirtschaftssystem« zehrt allerdings von der Substanz, nimmt ständig aus dem Vorrat der Natur, ohne etwas zurückzuführen. Vandana Shiva nimmt in diesem Buch kein Blatt vor den Mund. Sie erklärt, dass die heutige Art der Wirtschaft gar keine echte Wirtschaft sei, sondern gefährliche Geldmacherei.

Wieder zu einer wahren Wirtschaft zurückzufinden, zu einem haushälterischen Umgang mit den Gaben der Natur, ist zu einem Imperativ für unser Überleben geworden. Diese Streitschrift klagt an, zeigt die tieferen Ursachen auf, entlarvt die zugrundeliegenden irrigen Weltbilder und weist Wege in eine tragfähige Zukunft, die auf wahrer Wirtschaft, beruht.

Vandana Shiva
Wahre Wirtschaft
Von der Geldgier zu einer Ökonomie der Fürsorge
Hardcover, 304 Seiten
ISBN 978-3-89060-820-4

Erinnerungen einer der großen Aktivistinnen unserer Zeit
Seit mehr als 35 Jahren ist Vandana Shiva eine der wichtigen Stimmen in der Welt, wenn es darum geht, kleinbäuerliche Betriebe und damit die Ernährungssouveränität zu erhalten, das Saatgut vor der Vereinnahmung durch Konzerne zu bewahren und die Rechte der Frauen ebenso zu verteidigen wie die unveräußerlichen Rechte der Erdgemeinschaft aller Lebewesen. In diesem Buch beschreibt sie ihren Weg von der akademischen Quantenphysik zu ihren eigentlichen »Professorinnen« – den Frauen der Chipko-Bewegung zur Bewahrung ihrer Wälder – , die sie die Ökologie lehrten und in die vorderste Front im Kampf gegen die Übermacht des großen Geldes führten.

Vandana Shiva
TERRA VIVA
Mein Leben für eine lebendige Erde
Hardcover, 264 Seiten
ISBN 978-3-89060-829-7

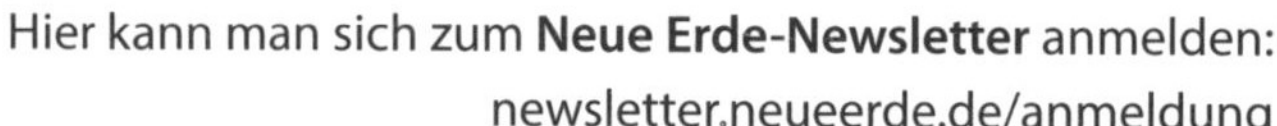

Hier kann man sich zum **Neue Erde-Newsletter** anmelden:
newsletter.neueerde.de/anmeldung

NEUE ERDE im Buchhandel

Neue Erde ist ein kleiner unabhängiger Verlag, und der unabhängige Buchhandel ist unser natürlicher Partner. Wir unterstützen die Initiative »buy local«.

Sollte es Lieferschwierigkeiten bei den Büchern von NEUE ERDE geben, lassen Sie immer im VLB (Verzeichnis lieferbarer Bücher) nachsehen, im Internet unter **www.buchhandel.de**

Alle lieferbaren Titel des Verlags sind für den Buchhandel verfügbar.

Sie finden unsere Bücher auch auf unserer Homepage **www.neue-erde.de** oder in unserem Gesamtverzeichnis, welches Sie gerne hier anfordern können:

NEUE ERDE GmbH
Cecilienstr. 29 · 66111 Saarbrücken
info@neue-erde.de